乡村振兴大家谈

第一辑

吴志才 林辉煌 主编

SPM 南方传媒
广东人民出版社
·广州·

图书在版编目（CIP）数据

乡村振兴大家谈. 第一辑 / 吴志才，林辉煌主编.
广州 ：广东人民出版社，2024. 8. -- ISBN 978-7-218
-17848-6

Ⅰ. F320.3

中国国家版本馆CIP数据核字第2024NT4169号

XIANGCUN ZHENXING DAJIATAN（DI-YI JI）

乡村振兴大家谈（第一辑）

吴志才　林辉煌　主编

出 版 人：肖风华

策划统筹：曾玉寒
责任编辑：伍茗欣　李宜励
装帧设计：奔流文化
责任技编：吴彦斌

出版发行：广东人民出版社
地　　址：广州市越秀区大沙头四马路 10 号（邮政编码：510199）
电　　话：（020）85716809（总编室）
传　　真：（020）83289585
网　　址：http://www.gdpph.com
印　　刷：广州小明数码印刷有限公司
开　　本：787mm × 1092mm　1/16
印　　张：15.5　　**插　　页：**2　　**字　　数：**180 千
版　　次：2024 年 8 月第 1 版
印　　次：2024 年 8 月第 1 次印刷
定　　价：78.00 元

如发现印装质量问题，影响阅读，请与出版社（020-85716849）联系调换。
售书热线：（020）87716172

2023年12月，“实施‘百千万工程’促进广东城乡区域协调发展”学习研讨会在广州市华南理工大学举行。

2023年2月，“百县千镇万村高质量发展与广东农业农村现代化”首届乡村振兴塘口论坛在阳江市阳西县举行。

2023年3月，贺雪峰教授作客“乡村振兴大家谈”，围绕“乡村振兴与共同富裕”作主题发言，深入探讨乡村振兴模式与路径。

2023年4月，温铁军教授作客“乡村振兴大家谈”，以“中国式现代化与新型县域经济”为主题，探讨我国新型县域经济发展模式。

2023年10月，李小云教授作客“乡村振兴大家谈”，围绕“以现代化的路径推动乡村振兴”的主题，阐述新发展时期中国式现代化与乡村振兴的内涵及内在逻辑。

编者语

乡村振兴是当代社会发展的重要议题，对于实现全面建设社会主义现代化国家的目标具有重要意义。习近平总书记指出，乡村振兴战略是中国式现代化的坚实战略支撑，中国式现代化是全体人民共同富裕的现代化。全面推进乡村振兴，不仅是社会主义现代化强国开好局、起好步的有力支撑，更是实现中华民族伟大复兴的重大任务。以乡村振兴战略统领未来国家现代化进程中的农业农村发展，既是解决我国发展不平衡不充分，消除贫困、改善民生、逐步实现共同富裕，满足人民日益增长的美好生活需要的根本之策；也是在应对百年未有之大变局加速演进、战略机遇和风险挑战并存、不确定难预料因素增多的时期，把握好“三农”基本盘的基础与核心问题。党的二十届三中全会审议通过的《中共中央关于进一步全面深化改革、推进中国式现代化的决定》指出，城乡融合发展是中国式现代化的必然要求，必须统筹新型工业化、新型城镇化和乡村全面振兴，全面提高城乡规划、建设、治理融合水平，促进城乡要素平等交换、双向流动，缩小城乡差别，促进城乡共同繁荣发展。广东省为了更好解决城乡区域发展不平衡不充分问题，审议通过《中共广东省委关于实施“百县千镇万村高质量发展工程”促进城乡区域协调发展的决定》，以头号工程、头号力度全面推进“百千万工程”走深走实，122个县（市、区）、1609个乡镇（街道）、2.65万个行政村（社区）蓬勃发展，呈现出创先争优、苦干实干的新气象。

本书是由华南理工大学社会科学处指导，华南理工大学数字乡村与文旅可持续发展重点实验室、华南理工大学公共政策研究院主办的“乡村振兴大家谈”系列学术沙龙、乡村振兴塘口论坛学术活动的现场演讲录汇编。结合全面推进乡村振兴的阶段性特征和重点任务，本书汇集了深耕乡村振兴实践的专家学者、相关政府工作人员、全国乡建先锋、驻镇帮镇扶村工作队队员、全国大学生志愿服务西部计划项目志愿者等切实参与乡村振兴与乡村建设一线工作者的多层次观点和思考。梳理参与乡村振兴实践的多元主体的系统性经验，全景式的呈现了中国乡村振兴的理论、经验和实践，并在多元视角的切换中建立理论与现实对话的可能性，增进对乡村振兴战略的理解和思维转换。

本书从多个相互作用的关系视角出发，探讨了乡村振兴战略涉及的城市–乡村、经济–社会–文化、个人–家庭–社会等多个层面的关系。我们剖析了新时代城乡关系的关键问题和发展趋势，明确了县域城乡融合作为重要空间单元的地位。本书通过宏观层面的分析，阐明了乡村振兴的内在逻辑，并提出了基于中国式现代化的乡村振兴理论。这一理论框架有助于加深读者对乡村振兴实践的理解，并为推动乡村振兴的实施提供指导。

本书内容编排分为上下两个篇章。其中，上篇为《大咖谈》，由“三农”领域具有代表性和影响力的专家大咖，基于其个人在乡村振兴研究中长期跟踪和现阶段国家政策关注的重大问题，借助学理化的方式、全球性的视野、科学性的解答，提炼全球和我国乡村振兴中的科学问题、发展模式、机理路径等，丰富中国乡村振兴理论。

强国必先强农，农强方能国强。农业强国是社会主义现代化强国的根基，建设农业强国是建设现代化强国战略体系的新的组成部分。叶兴庆认为可以通过“3355”来概括中央关于加快建设农业强国的重大战略部署。其中，第一个“3”表示建设农业强国对乡村振兴与人民需求、高质量发展和国家安全基础的重要性；第二个“3”表示建设农业强国立足于资源禀赋、农耕文明和人与自然和谐共生的基础；第一个“5”表示建设中国特色农业强国要体现依靠自力更生、双层经营体制、生态低碳农业、弘扬农耕文明和促进共同富裕的特色；第二个“5”表示确定建设方向为供给保障强、科技装备强、经营体系强、产业韧性强和竞争能力强。

全面推进乡村振兴是新时代建设农业强国的重要任务，乡村振兴的总目标是加快实现农业农村现代化。郑永年认为农业、农村、农民的现代化对应着物质、制度和人的层面的现代化问题。“三农”的现代化必须要在这三个层面上同步、协调发展才能实现。农业的现代化需要结合农耕文明传统进行思考，而不能简单抛弃传统价值体系。现代化需要解决农耕文明的载体问题、改革户口制度、推进城乡双向流动和土地制度改革。同时，要鼓励社会资本进入农村，解决农村文化短缺问题。这样才能实现农业、农村和农民的真正现代化。在农业技术方面，罗锡文指出，我国在农机作业智能决策、精准作业控制等方面相较于国外仍有差距，存在农田非结构环境多模态信息融合感知模型缺乏、智能农机装备自主性较差等问题。要应对农业现代化与乡村振兴战略的重大需求，还必须突破相关卡脖子以及短板技术。

除此之外，加快实现农业农村现代化，推进乡村振兴，必须正确处理城乡关系。解决城乡差异，促进城乡融合是现代国家的标志，也是共同富裕的首要任务。李小云指出，我国的乡村问题存在特殊性，我们处于一种被动现代化的状态。随着现代化的过程，乡村本身相对薄弱，但仍需要支持工业化和城市化的发展，这造成了乡村的困境。贺雪峰认为小农经济的重要性、产业升级和科技进步是实现乡村振兴的关键要素。整个农村实际上构成了中国现代化的稳定器和蓄水池，为解决城乡矛盾、阶层矛盾等等现实问题提供一种思路。农民增收的主要空间其实是在城市，乡村作为保底的存在，城乡差距是可以被接受的。同时他提出两个方法，一是让农民安居乐业，将城市机会向农民开放，使其可攻可退。二是从制造业入手，利用制度等优势进行技术攻关和产业升级，同时保持农村发展的韧性，为科技进步和产业升级提供缓冲空间。温铁军指出需要发展符合中国式现代化五大特征的、以金融供给侧改革与农业供给侧改革相结合为内涵的新型县域经济。新型县域经济应该奠基于生态化，推动县域经济朝生命价值产业发展，通过县乡村三级规划统筹，多部门管理条件下多规合一，实现全方位、全地域、全过程的“三全”开发。

广东是中国发展不平衡问题的一个缩影，粤东粤西粤北地区相当于中国的中西部地区。这与曾经的浙江有所相似，杨春华认为广东可以成为学习运用浙江“千万工程”的优等生，但在此借鉴过程中要避免理论认知上的偏差。需要找出最主要的矛盾、以城乡融合发展理念为引领，形成以工促农、城乡互促共进的发展格局、构建起强有力的推进机制和工作体系、激发群众内生动力以及吸引能人服务农村。刘守英认为城乡问题的解决直接影响国家结构转型的方式和结果。其中，城乡融合和乡村振兴两大战略不能够割裂，需要统筹考虑。在广东省推进“百千万工程”，缩小城乡区域发展差距，就必须以“三强”作为广东省“百千万工程”的抓手，即强县、强镇和强村带动全域振兴发展，实现全面的振兴。以粤港澳大湾区为例，实现城乡融合发展的实践路径可以通过从城乡二分转变为城乡融合思维，重构“大都市–县–镇–村”的城市体系并以城市化大都市郊区为重点，拓展城乡融合空间，建立城乡融合新形态，分类推进乡村系统重构、解决土地碎片化问题、推动以要素重组升级为核心的农业产业革命。罗必良则认为，广东的区域发展和城乡发展不平衡主要是由于县域经济发展不足所造成的，因此需要高度重视以县城和中心镇为核心的新型城镇化的引导作用。首先，以县城和中心镇为核心，吸引人口就地转移，推进农业规模经营。其次，通过诱导要素流动，唤醒农村的潜在资源。第三，集聚人力资本，促进乡村经济的转型。第四，推进城镇化，提升人民的宜居安全感。“做大”县城必须有效动员城市和乡村两方面的积极性，积极整合二元区域的资源优势。迟福林认为人口城镇化是解决区域发展不平衡问题的关键，广东应当以公共资源配置均等化推进区域协调发展，以乡村振兴推进城乡融合发展。吴志才认为高质量发展是全面建设社会主义现代化国家的首要任务，广东“百县千镇万村高质量发展工程”的核心目标是城乡融合。推进实施“百千万工程”是一项系统性的任务，其范围广泛、内容丰富，需要树立“全域”发展思维，超越传统的小范围行政边界，将县域视为一个完整意义上的整体，统筹推进城乡区域的协调发展。在这一过程中，我们需要从村、镇、示范带和县四个空间尺度出发，构建全域性的空间发展。我们需要打造高水平的农业产业体系、高科技的农业生产体系和高效能的农业经营体系，将其视为构建“三高”要素体系的关键要素，为县域层面全面推动城乡融合高质量发展提供现实的路径。

本书下篇为《大家谈》，旨在邀请长期致力于乡村振兴实践的专家学者和乡村建设一线的工作者，分享乡村振兴实践中的生动故事和典型案例，通过圆桌对谈的形式共同探讨县镇村高质量发展过程中的关键政策、发展难题、地方需求、创新模式以及发展路径和机理等方面的问题。这一部分的内容按照广东百千万高质量发展工程的理论建构、重点领域和地方探索进行了分类，划分为“坚持城乡融合发展，推进乡村全面振兴”“构建现代乡村产业体系，发展新型农村集体经济”“提升基层治理水平，激活乡村振兴内生动力”和“广东百县千镇万村高质量发展的地方探索”四个部分。在理论建构和重点领域的层面，专家学者通过剖析政策重点，深入探讨了乡村发展中的痛点和难题，分析了当前的问题和挑战，揭示乡村振兴过程中的关键政策措施和重要方向，并提供了相应的解决思路和建议。实践者则更强调根据广东县镇村的发展基础和地方特色，因地制宜开展顶层设计和落地规划。在地方探索的层面，阳西县、鹤山市、陆河县、塘口镇、根子镇、隔坑村、塱头村等广东“百千万工程”的典型县、镇、村的实践者分享了他们的经验做法、现实困难和发展短板等，不仅呈现出广东“百千万工程”的落地实景，而且为其他地方的乡村振兴事业的推进提供了有益的参考。

我们相信，这本书将为读者提供一个深入理解和思考乡村振兴的窗口。通过学者们与一线工作者们的分享与讨论，读者们将得以窥见乡村振兴的全貌，并获得多元化的理解。编者衷心希望本书能够激发读者对乡村振兴的关注和思考，为实现乡村全面振兴做出积极的贡献。

目录

上篇　大咖谈

上篇

大咖谈

叶兴庆

锚定农业强国目标，高质量推进乡村振兴

主讲人简介

叶兴庆，现任国务院发展研究中心农村经济研究部部长、研究员，中央农办、农业农村部乡村振兴专家咨询委员会委员，享受国务院特殊津贴专家。主要研究领域为农业农村发展政策。

今年开春，广东省委常委会召开会议认真学习贯彻习近平总书记重要讲话和重要指示精神，提出了广东百县千镇万村高质量发展工程，为建设中国式现代化提供广东方案。这标志着广东在高质量全面推进乡村振兴的道路上迈出了关键一步。

在2022年年底的中央农村工作会议上，习近平总书记在讲话中着重对加快建设农业强国做了系统深刻阐述。我们知道，党的十九大首次提出实施乡村振兴战略。5年过去了，我们围绕“五大振兴”开展工作，包括我们广东的乡村振兴也做得很有特色，我经常在微信上看到你们的市委书记、县委书记分享各自的做法和取得的成绩。下一步，要想高质量地全面推进乡村振兴，很重要的一点，就是要准确地理解中央对全面推进乡村发展的总体要求。党的二十大实际上也有一个很重要的战略布局，提出了要加快建设农业强国。

党的二十大报告提出了要建设很多领域的强国，比如，要建设教育强国、科技强国、人才强国、文化强国。其中，只有农业强国是在党的二十大报告里第一次出现。在这之前，党的十七大报告提到建设两个领域的强国，党的十八大报告提出建设四个领域的强国，党的十九大报告提出建设十二个领域的强国，党的二十大报告就加了一个，就是建设农业强国。通过5年的乡村振兴，我们有底气提出加快建设农业强国这一更高目标。这是建设现代化强国战略体系的新的组成部分。

加快建设农业强国，更多的是基于21世纪中叶要建成社会主义现代化强国这一奋斗目标。如果说届时我们的农业仍是明显的短板弱项，我们这个国家就很难说是一个现代化的强国。我们看看现在世界上称得上是现代化强国的国家，没有一个在经济社会的主要领域存在明显短板。那怎么去理解中央关于加快建设农业强国的重大战略部署呢？我认为，可用“3355”来概括加快建设农业强国的历史方位、基本原则、总体要求和主攻方向。

一、“3”：三个离不开

第一个“3”，就是“三个离不开”。习近平总书记指出，“强国必先强农，农强方能国强”，就是说无论是满足人民对美好生活的需要，还是实现高质量发展，或是夯实国家安全基础，都离不开加快建设农业强国。

第一，满足人民对美好生活的需要离不开加快建设农业强国。我国人口规模巨大，随着居民收入和生活水平提高，全社会对农产品数量、质量和品种多样化的需求将继续提高，对农业生态涵养、休闲观光、文化传承等多种功能的需求将显著增强。为了满足城乡居民对美好生活的这些需要，我们要推进农村现代化，提高乡村基础设施的完备度、公共服务的便利度、人居环境的舒适度，让农民在本地享受现代文明生活。目前，农村生活污水处理率低、卫生厕所普及率不高、农业废弃物资源化利用存在问题，这些都严重影响了农村生态环境和生活条件的现代化。我们应该统筹农业绿色生态发展和农村环境综合整治，推动生态农业、乡村旅游等生态型产业的现代化发展，营造生态宜人、舒适宜居的农村现代化生活环境，提高农村居民的收入和生活水平。在垃圾处理方面，我们应合理布局生物质能源、生物发酵等处理设施，完善收集处理和有机肥施肥服务体系，推进农业废弃物和农村生物质垃圾、畜禽粪污和农村厕所粪污资源化利用的一并处理。在生态修复治理方面，我们应协同推进农业产地和村庄生态环境治理，实现农产品产地环境安全和农村生活环境的生态安全。在环境美化绿化方面，我们应一体推进农田林网和村庄绿化美化工程，打造农业产业、村落文化和自然生态和谐融合发展的美丽乡村。同时，我们也要推进农村精神文明建设，提高农民的科学素养，完善党组织领导的乡村治理体系，让农村充满活力又稳定有序，所以农村现代化是建设农业强国的内在要求和必要条件。

第二，实现高质量发展离不开加快建设农业强国。党的二十大提出，高质量发展是全面建设社会主义现代化国家的首要任务。我国面临推动经济实现质的有效提升和量的合理增长的长期任务，增强国内大循环内生动力和可靠性需要畅通城乡要素流动、扩大农村消费和投资需求，提高全要素生产率需要提高农业土地产出率、劳动生产率和资源利用率。实现高质量发展包括促进“四化同步”、城乡融合发展，做到这一点，离不开加快建设农业强国，离不开乡村建设行动的推进。乡村建设不仅包括基础设施的建设，如道路、桥梁、水利设施等，也包括公共服务设施的建设，如学校、医院、文化活动中心等。我们需要推动乡村全面振兴，这包括产业的振兴，我们要引导农民发展多元化、高效的农业生产；人才的振兴，我们要吸引更多的优秀人才回乡发展；文化的振兴，我们要保护和传承乡村的传统文化；生态的振兴，我们要保护乡村的生态环境，实现绿色发展；组织的振兴，我们要加强农村基层组织建设，提高农民的组织能力。此外，我们还要促进城乡融合发展，缩小城乡差距。我们要通过各种政策措施，促进农村和城市的交流互动，使农村能够享受到城市的发展成果，使市民能够分享乡村的多元价值。与此同时，我们还要促进农村不同群体和不同地区的协调发展。我们要关注农村的弱势群体，保护他们的权益；我们也要关注农村的落后地区，帮助他们赶上发展的步伐。总的来说，实现高质量发展，需要我们在多个方面进行努力。

第三，夯实国家安全基础，也离不开加快建设农业强国。我国发展进入战略机遇和风险挑战并存、不确定难预料因素增多的时期，增强维护国家安全能力需要加强粮食安全能力建设，提高公共安全治理水平需要提高农业防灾减灾救灾能力、强化食品安全监管和健全农业生物安全监管预警防控体系。尤其是，粮食安全是“国之大者”，是保障国家安全的重要支撑。保障粮食和重要农产品稳定安全供给，始终是建设农业强国的头等大事。2022年，面对国际国内复杂形势，我国粮食生产实现“十九连丰”，中国人的饭碗端得更牢了。现在提出的大食物观也是指大农业观、大资源观，我们要深化农业供给侧结构性改革，在保护和用好耕地的同时，充分利用其他非耕地资源。“谷物基本自给、口粮绝对安全”这样一种安全观和安全战略要长期坚持，因为这是根据我国的资源禀赋、人口规模等基本国情制定的。关于重视保数量和保质量的问题。现在“量”仍很重要，但人的需求在变化。即便是“口粮绝对安全”，其内涵也在变，要求也在提高。现在大米、面粉不仅仅是数量的问题，还有质量的问题。在保证数量安全的同时，还要提高品质安全。除了产品本身的质量之外，还有发展方式，即农业的高质量发展和粮食的高质量发展。

面向未来，我国将实施新一轮千亿斤粮食产能提升行动。要针对需求结构的变化趋势分解产能增长目标，抓住耕地和种子两个关键提高产能。坚持最严格的耕地保护制度，坚决守住18亿亩耕地红线，坚决遏制耕地“非农化”、严格管控“非粮化”，规范完善耕地占补平衡；持续推进高标准农田建设，逐步把永久基本农田全部建成高标准农田。深入实施种业振兴行动，加强种质资源保护和利用，有序推进生物育种产业化应用。保护好地方政府抓粮积极性和农民种粮积极性。全面落实粮食安全党政同责，健全种粮农民收益保障机制和主产区利益补偿机制。这些都是我们在加快建设农业强国的过程中，需要重视和考虑的问题。

二、“3”：三个立足于

第二个“3”，就是“三个立足于”。建设现代化强国、建设农业强国，第一要立足于我国人多地少水缺的资源禀赋。我国人均耕地面积和淡水资源量分别仅为全球平均水平的二分之一和三分之一，这种资源禀赋决定了我国必须走以资源产出效率见长的农业强国之路。在我国人口众多、土地和水资源相对有限的背景下，我们必须依靠科技创新和制度创新来激活资源、要素和经营主体，提高农业全要素生产率，拓展农业生产可能性边界。我们还需要深化农村改革，把住处理好农民和土地关系这条主线，深化农村土地制度改革。把强化集体所有制根基、保障和实现农民集体成员权利同激活资源要素统一起来，搞好农村集体资源资产的权利分置和权能完善，让广大农民在改革中分享更多成果。稳慎推进农村宅基地制度改革试点，深化农村集体经营性建设用地入市试点，完善土地增值收益分配机制。畅通城乡要素流动和循环，率先在县域内破除城乡二元结构。

中国不同地区农业与农村的发展程度差异较大，两者发展的平衡和协调程度也差异较大，应基于农村资源禀赋条件选择适合的农业现代化与农村现代化一体化发展路径。农业现代化与农村现代化的一体设计、一体推进是相对的，不同领域、不同地区、不同阶段应有所侧重，形成梯次推进格局。农业资源禀赋好的地区可选择优先发展农业现代化，延伸农业产业链、拓展多元价值，走农业现代化带动农村现代化发展路径。但纯农业产区比较收益较低、带动能力较弱，需要建立一定补偿机制或投入支持机制促进农村现代化发展，尤其是粮食主产区普遍存在农村现代化发展滞后问题，需要加大投入补齐农村发展短板。山地丘陵地区由于农业发展受制于地形和交通条件，需要基础设施先行破除发展障碍，宜选择先行打造农村发展环境，走农村现代化带动农业现代化的发展路径。尤其是贫困地区只有道路交通、仓储物流、网络等基础设施完备后，特色农产品才能卖得出和卖出好价格；只有生态修复治理和人居环境有效整治后，生态环境优势才能充分发挥，乡村旅游等新产业新业态才有发展空间。城郊村和二三产业发达的专业镇则应走以城带乡、以工补农的路径，依靠财政投入反哺、产业资本下乡投资、基础设施和公共服务延伸发展，在强有力规划引领和投入保障下统筹农业现代化和农村现代化。部分城郊村和专业强镇集体土地的经营性收入较高、集体经济比较发达，集体经济可以通过经营板块的整体谋划、内部收益分配的调节来统筹农业现代化和农村现代化的协调发展。

第二要立足于农耕文明的历史底蕴。在我国几千年农耕文明史中，形成了得时之和、适地之宜的种植经验，精耕细作、用地养地的种植技术，桑基鱼塘、农桑结合的经营模式。这些先人的智慧结晶，同现代农业科学技术具有高度的契合性，将两者贯通起来，可以为建设农业强国提供重要支撑。加快建设农业强国，绕不开的一个话题就是如何理解我国大国小农的国情农情。在我国几千年历史长河中，小规模农业滋养了一代又一代人民，孕育出灿烂的中华民族农耕文明，展现出巨大的发展韧性和文化魅力。进入工业文明时代，小规模农业的短板逐步显现。随着我国工业化、城镇化程度不断提高，特别是随着对外开放水平不断提升，小规模农业发展面临着前所未有的挑战。由于经营规模小、劳动生产率低，城乡、工农收入差距难以从根本上缩小；由于生产成本高、竞争力弱，国外大规模农业生产的农产品不断进入国内市场，我国农产品的市场竞争力受到挑战。可以说，大国小农的国情农情是我国历史的延续，是一种客观存在，实现小规模农业的现代化转型，是我国现代化进程中的独有课题。无论是丰富和拓展我国农业农村现代化道路，还是谋划和推进当前的“三农”工作，都必须从这一国情农情出发。

第三要立足于人与自然和谐共生的时代要求。农业是自然再生产和经济再生产相交织的产业，对大自然的依存度高，把握不好对大自然的扰动也大。在我国生态环境状况下，建设农业强国尤其要坚持可持续发展，节约资源、保护环境、涵养生态。在新的时代背景下，我们必须认识到，加快建设农业强国不仅仅是经济发展的问题，更是人与自然和谐共生的问题。我们必须坚持绿色发展，坚持人与自然和谐共生，坚持可持续发展，这是我们加快建设农业强国的基本原则。我们要积极推动农业绿色发展，提高农业生态效益。我们要通过科技创新，推动农业生产方式的转变，实现农业生产与生态环境的和谐共生。我们要通过制度创新，建立健全农业绿色发展的政策体系，引导农业生产者走绿色发展之路。我们要积极推动农业社会效益的提高，实现农业发展与社会公平的和谐共生。我们要通过深化农村改革，推动农业生产者的权益保障，实现农业发展的公平性。我们要通过完善农业支持政策，保障农业生产者的利益，实现农业发展的公正性。我们要通过提高农业全要素生产率，提高农业生产效率，实现农业发展的高效性。我们要通过优化农业产业结构，提高农业产值，实现农业发展的高质量。总的来说，加快建设农业强国要立足于人与自然和谐共生的时代要求，我们要坚持绿色发展，坚持人与自然和谐共生，坚持可持续发展，这是我们加快建设农业强国的基本原则。

三、“5”：五个特色

第一个“5”，是说我们建设中国特色农业强国，要体现5个特色的总体要求。

第一个特色是要依靠自己的力量端牢饭碗。守住口粮绝对安全、谷物基本自给的粮食安全目标，实施以我为主、立足国内、确保产能、适度进口、科技支撑的粮食安全战略，吸取一些国家过度发展出口导向型大规模种植园、粮食完全依赖进口的教训。新粮食安全战略的核心是确保我们的粮食产能，不仅是生产粮食的数量，更是确保粮食的质量和品质。我们要立足国内，发展自己的粮食产业，不仅要保障粮食供应，还要提高国内粮食的品质。此外，我们要适度进口粮食。适度进口可以弥补国内不足，确保市场稳定。

第二个特色是要依托双层经营体制发展农业。中国特色的以家庭承包经营为基础、统分结合的双层经营体制，是在改革实践中逐步形成并不断巩固和完善的。在新的时代条件下，要顺应农户分化和技术变革趋势推进农业经营体制机制创新，发挥家庭经营和统一经营各自优势。一方面，需要克服地形地貌的影响和完善承包关系，以促进细碎地块的集中和连片化。由于中国人均耕地较少，加上地块的细碎化，机械化和规模化经营面临巨大困难，也妨碍了土地的流转集中。这一问题在丘陵山区尤为明显。近年来，一些地方已经取得了明显的成效，如“小块并大块”和“一户一块田”等措施，我们可以借鉴这些经验，探索有效的途径来促进地块的集中和连片化。另一方面，需要培育新型农业经营主体，并发展农业服务外包市场，以提高农业的规模效益。我们要建设的现代化农业，应该是在促进小农户与现代农业有机衔接的基础上逐步实现土地集中和经营规模扩大的农业。各类农户应该进行多形式和多层次的合作，将难以实现规模经济的生产经营活动交由专业化和社会化的组织完成，实现社会化农业。此外，我们还需要鼓励同类产品的农户进行专业合作，引导毗邻的农户将土地入股合作，探索产前、产中和产后的综合合作。同时，农机专业户、农机合作社、供销社、农资综合服务商等可以发挥主体作用，提高专用资产的利用率，为各类农户甚至合作社提供托管服务，实现规模经济。这意味着要发展新型集体经营和合作经营，扩大土地经营规模，通过土地租赁和承包经营权入股等方式将分散在小农户手中的土地进行集中经营管理。无论是小农户还是适度规模的家庭农场，都需要将一部分生产经营环节外包给专业化和市场化的农业服务提供商。因此，我们需要积极培育多元服务主体，拓展服务领域，构建农业综合服务体系，培育提供“一条龙”服务的综合服务商。

第三个特色是要发展生态低碳农业。我们得搞绿色农业，搞生态友好、低碳农业。不再拼命追求产量，而是要打造绿色农业，保护生态环境。这意味着我们要鼓励农牧业结合，实现种养循环，减少化肥和农药的使用，节约水资源，同时也要治理农业造成的面源污染，还要让农业领域减少排放、增加碳汇。过去，为了追求更多的农产品，我们采用了各种方法，甚至为此付出了巨大代价，包括资源过度消耗和破坏生态环境。经过70多年的快速发展，我国农业产能取得了巨大提升，但现在社会主要矛盾正在发生变化。老百姓的需求也不再只是填饱肚子，而是追求吃得好、吃得放心、吃得有营养。这个需求变化对农业发展提出了新的要求。要解决这个问题，我们需要建立一套有效的机制。一方面，政府需要发挥作用，采取措施来引导农业朝着更环保的方向发展。比如，退耕还林，减少使用化肥和农药，还要重新规划畜牧业和水产养殖。这些都是促使农业朝着更绿色和生态友好的方向发展的关键措施。另一方面，市场也要发挥作用，让按照绿色生态方式生产的农产品受到市场认可。这就需要培养农产品品牌，改进销售方式，建立可追溯体系，等等。此外，我们还需要改变科技评价的标准，不再仅仅看产量，而是更加注重资源的节约和对环境的友好程度。因此，这是一个复杂的系统工程，需要通过多方面的措施来形成一个政策组合，才能够实现新的发展方式。

第四个特色是要赓续农耕文明。首先，我们要传承农耕文明的精髓。中国在几千年的农耕实践中，形成了丰富的种植经验，注重因地制宜，精耕细作，用养结合。同时，农民运用桑基鱼塘和农桑结合的经营模式，实践着顺天应时、共生共荣的理念，并在取之有度、用之有节的生产和消费观念中积累了宝贵的经验。这些传统理念与现代农业发展的理念高度契合。我们可以将传统农耕文明与现代农业技术相结合，创造出新的现代农业模式，以满足现代社会对健康、可持续、高质量食品的需求。同时，我们也要注重生产与消费的平衡，鼓励农民和农产品生产者采取可持续的生产和经营方式，确保资源的合理利用和保护。这样不仅可以满足人民日益增长的对绿色食品的需求，同时还能促进农业可持续发展。生态农业也应成为我们农业产业的特色之一。生态农业倡导生产和自然环境的共生共荣，通过农桑结合等经营模式，可以更好地保护和改善农田生态系统。此外，生态农业也有助于农产品的质量提升，同时减少了农药和化肥的使用，有助于农业的可持续发展。

第五个特色是要促进共同富裕。促进共同富裕，最艰巨、最繁重的任务在农村。促进农民收入较快增长、持续提高农民生活水平，是实施乡村振兴战略的根本出发点。促进农民农村共同富裕，是在高质量发展中实现全体人民共同富裕的艰巨任务。当前，我国城乡之间、农村不同群体之间和不同地区农村之间发展差距较为明显。将乡村振兴的过程作为缩小发展差距的过程，应是推动乡村全面振兴、促进农民农村共同富裕的题中之义。现实地看，在发展过程中，市场力量和公共政策带来的排斥性风险难以完全消除，但其带来的包容性机遇也会长期存在。用好市场力量和公共政策带来的包容性机遇，坚持全面保障和改善民生，构建公平公正、共建共享的包容性发展新机制，在乡村振兴的过程中提高发展包容性，使发展成果更多更公平惠及全体人民，加快促进农民农村共同富裕。同时也需要激活农村主体、要素和市场，增强农民农村内生发展动力和能力，一来增加农民收入，二来提高农产品质量（这是为了让农民通过自己的努力赚更多的钱），三来解决农村短板问题。

四、“5”：五个强

第二个“5”，是说我们明确了要建设农业强国，要往哪个方向走。方向就是5个“强”，分别是供给保障强、科技装备强、经营体系强、产业韧性强、竞争能力强。

第一个“强”是供给保障强。供给保障能力是农业产业的核心，它不仅包括农业的综合生产能力，也包括流通保障能力。2023年中央一号文件提出了一系列关于提升农业综合生产能力的措施，如实施新一轮千亿斤粮食产能提升行动、深入推进大豆和油料产能提升工程、完成高标准农田新建和改造提升年度任务等。这些措施旨在确保我们的农业产能能够满足不断增长的需求。然而，很多时候，人们往往忽略了对流通保障能力的足够重视。流通保障能力是确保农产品从生产到消费的顺畅流通的关键。如果流通环节出现问题，即便我们的生产能力再强大，也难以保证农产品能够及时送达市场，供需平衡将受到威胁。对此我们需要采取一系列关键步骤来优化农产品的流通体系，这包括改进物流、仓储和运输系统，确保农产品能够迅速、安全地送达市场。此外，我们还需要提升主要品种的储备调控能力，以便在市场波动时能够稳定价格，保障供给。

第二个“强”是科技装备强。首先，要抓好种业创新。种子被誉为农业的“芯片”，它是农业强国的关键。在推进中国特色农业强国建设中，我们必须注重种业科技的战略地位。要实现科技自立自强，我们需要着眼于主要品种，深化体制机制改革，消除关键制约因素，全面推进种业创新，建立全产业链的种业创新体系。这一体系应包括种质资源的收集、鉴定和扩繁利用机制的完善，支持种业企业的强化和产业整合，以及智慧育种研发体系的布局。要建立种业创新市场激励机制，以激发更多的创新活力。其次，我们还需要加强农村基础设施的建设，包括农业机械化、农田水利、设施农业等农业生产端的科技装备。这些方面涉及了信息系统和智能化系统的建设，都是科技装备强的一部分。最后，农产品的流通也需要关注科技装备的升级，包括冷链、仓储等环节，以提高农产品的质量和保鲜度。

第三个“强”是经营体系强。中国是一个小规模农业占主导地位的国家，这就要求我们的农产品供应链必须对需求做出高效的反应，从生产到流通，从消费到餐桌，整个经营体系都必须强大而高效。我们需要形成一个符合中国国情的农产品经营体系，为了实现这一目标，需要发展多种形式的适度规模经营，以形成一个多层次的农产品供应链。在这个经营体系中，农产品批发市场起着关键的骨干作用。它是农产品从生产地到消费地的桥梁，通过批发市场，我们可以将各种农产品有效地传递给消费者，确保供应的稳定性和质量。因此，我们必须加强对农产品批发市场的支持和规范，以提高整个经营体系的效率。总之，要建设中国特色农业强国，我们必须强调经营体系的强大和高效性。通过发展多种形式的适度规模经营，培育新型经营主体，并加强农产品批发市场的作用，我们可以确保农产品供应链的高效运转。

第四个“强”是产业韧性强。目前，大部分地区的乡村产业结构较为单一，以农业为主，二三产业的发展相对滞后。这种单一的农业模式难以实现现代化装备、设施、技术和组织水平的提升，也难以为农村创造现代化生活条件。因此，我们要推动三次产业融合发展，使农村产业多元化，提供现代化的生活条件和高收益的产业，以吸引更多的人才和提高农村的现代化水平。为了实现多元化和现代化的农村产业，我们需要合理布局特色优势产业，建立现代农业产业园区和示范区等载体，集结资源，强化支撑设施、技术和产业链的建设。我们还应该推进“产镇融合”和“产村融合”的发展，发挥镇、村的人口聚集和服务中心作用，提供多元化的生活服务和配套设施，以支持乡村的现代化发展。

第五个“强”是竞争能力强。要建设中国特色农业强国，我们必须把实施差异化战略作为重要着力点。这意味着我们需要通过拥有特色和增值来提高小规模农业的竞争力，同时利用质量的优势来对冲成本上升。竞争不仅仅是中国农户与国外农场之间的竞争，更体现为整个产业链之间的竞争。为此，我们应该优化农业区域布局，培育农业龙头企业，完善利益联结机制，以提高产业链竞争力，这将为中国农业在国际竞争中赢得优势提供重要前提。为赢得消费者的信任，我们需要确保质量和安全，使人们愿意以更高的价格购买国内生产的农产品。这可以通过强调质量兴农，推动农业标准化，发挥品牌和认证的增信作用来实现。只有这样，我们才能提高产品的品质竞争力，促使人们更愿意购买国内生产的农产品。

农业不仅提供物质产品，还提供休闲观光、生态涵养、文化传承等功能，这些功能是地域、文化和民族特色的表现，不能在空间上移动，也不能跨境贸易。因此，我们需要在产品的基础上附加这些功能，将竞争从单一的产品竞争拓展为多功能的竞争。这是中国农业在工业化和城镇化发展到一定阶段后，提高竞争力的必经之路。

根据中央关于加快建设农业强国的部署，现在一些地方也提出来要建设农业强省、农业强市，像浙江就提出来叫做“建设生态高效农业强省”，在农业强省的前面加了一个定语，突出它的地方特色。所以，下一步我们建设农业强国，要注意方式方法，不要上下一般粗。我们有14亿的人口、960多万平方公里的土地。在国家层面，对农业可能有一套要求，但是具体到各个地方，每个地方就要有自己的特色。像广东、阳江或者阳西，可能要概括能够体现地方特色的农业发展方向。有竞争优势的这样一个前缀，我们建立一个什么样的农业强市、农业强省就是需要考虑的，我们要朝着这个方向一步一步往前走。农业强国的建设是复杂的，原来很多事情就是三个问题——农业、农村、农民；但现在这三个问题要全部囊括在农业强国建设过程中，不能把农业单独拎出来只管农业，因为你只考虑农业，就算有一套东西，你这张图我也未必能够解决农村问题，更不可能解决农民问题，所以要将农业、农村、农民的问题有机地统筹进农业强国建设过程中。

杨春华

学习运用“千万工程”经验，推动广东乡村全面振兴

主讲人简介

杨春华，农业农村部农村经济研究中心副主任、研究员。长期从事“三农”政策研究和管理工作，多次参与中央一号文件等“三农”工作重要政策文件起草，有10余篇研究成果得到中央领导同志批示。在《管理世界》《农业经济问题》《红旗文稿》《经济要参》等报纸杂志发表政策理论文章50多篇。

广东是改革开放的前沿阵地，是改革开放的排头兵、先行地、实验区。改革开放以来，广东始终以敢闯敢试、敢为人先的勇气和魄力勇立潮头，为推动全国改革开放积累了经验、做出了示范，在中国式现代化建设的大局中地位重要、作用突出。

最近中央相继召开了经济工作会议、农村工作会议，明确中央指导2024年农村工作文件的主题是学习运用“千村示范、万村整治”工程经验，有力有效推进乡村全面振兴。广东跟浙江有很多相似之处，广东整体上经济发达，但区域发展不平衡问题也很突出，粤西北和珠三角地区相差甚远，浙江也一样，丽水、衢州和杭嘉湖地区也有很大差距，特别是一些山区海岛县，还处于不太发达的状态。因此，广东要学习运用“千万工程”蕴含的发展理念、工作方法和推进机制，找准自己推进乡村振兴工作的切入点，相似的发展情境可能会使广东成为学习运用浙江“千万工程”的优等生。下面我以《学习运用“千万工程”经验　推动广东乡村全面振兴》为题，谈三点看法。

一、浙江“千万工程”的基本经验

“千万工程”是习近平总书记在浙江工作时亲自谋划、亲自部署、亲自推动的一项重大决策。今年是浙江“千万工程”实施20周年，实施20年来，“千万工程”在推进农村人居环境治理、建设宜居宜业和美乡村、促进社会共同富裕、满足群众美好生活需要等方面成效显著，影响非凡，全国各地都到浙江学习考察。

“千万工程”不仅改变了浙江村庄的面貌，造就了万千美丽乡村，造福了万千农民群众，更探索出一条乡村建设的科学路径，打造出一份中国式现代化的乡村样本。“千万工程”是习近平新时代中国特色社会主义思想真理力量和实践伟力的生动诠释，学习“千万工程”正是要通过回望浙江20年来走过的路，破解浙江发展到今天的“密码”。我们要带着对本地情况的深刻认识，对标浙江不同时期、不同地区，找到自身学习的“坐标”和榜样，重在学习浙江的理念、思路和机制，从中找准推进本地乡村全面振兴、城乡协调发展的真经妙招。今年我们多次到浙江调研“千万工程”经验，基于学习和调研，聚焦“怎么干”，我们总结了五个坚持，供大家参考。

（一）坚持把群众需要群众满意作为最高评判标准

浙江在实施“千万工程”过程中，坚持“群众要什么、我们干什么，干得好不好、群众说了算”，把群众满意度作为工作成效的最高评判标准，引导群众自觉参与“千万工程”，共建共享美好家园。20年来，浙江“千万工程”从最初解决老百姓反映最强烈的环境脏乱差问题切入，到建设美丽乡村、发展美丽经济，始终坚持农民需要、农民主体、农民受益，坚持从农民的需求和发展出发，致力于打造农民向往的美好生活，让“千万工程”深得“万千人心”。

（二）坚持把“绿水青山就是金山银山”贯穿始终

习近平总书记在浙江工作期间始终把环境改善和绿色发展作为“千万工程”的重要目标，强调“千万工程”要在促进人与自然的和谐中发挥“生态工程”的作用，要求将村庄整治与绿色生态家园建设紧密结合起来，同步推进环境整治和生态建设；打好“生态牌”，走生态立村、生态致富的路子。20年来，浙江把这些重要理念和要求贯穿实施“千万工程”全过程各阶段，坚持生态账与发展账一起算，大力创建生态品牌、挖掘人文景观，培育“美丽乡村+”农业、文化、旅游等新业态，推动田园变公园、村庄变景区、农房变客房、村民变股东，持续打通“绿水青山就是金山银山”的转化通道，使美丽乡村转化为美丽经济，既保护了“绿水青山”，又带来了“金山银山”，让乡村成为绿色生态富民家园。实践证明，“千万工程”充分体现了发展理念的深化，在促进人与自然和谐共生中，挖掘乡村多种功能、释放多元价值，培育新产业、新业态、新模式，提升可持续内生动力，实现“美丽乡村”向“美丽经济”的精彩蝶变。

（三）坚持统筹城乡发展、城乡融合发展

习近平总书记在浙江工作期间，强调实施“千万工程”必须树立科学的系统观，要着眼城乡统筹推进“千万工程”，“必须突破就农业论农业、就农村论农村、就农民论农民的思想束缚，按照统筹城乡经济社会发展的要求，走城乡一体化的路子”。习近平总书记曾经在“千万工程”工作现场会上指出，“千万工程”是推进新农村建设的龙头工程、统筹城乡兴“三农”的有效抓手、造福千万农民的民心工程。因此，从方法论上看，“千万工程”是系统观念与系统方法在“三农”工作实际中的成功应用与实践。20年来，浙江把“千万工程”作为统筹城乡发展、城乡融合发展的龙头工程，通过重点突破带动全局工作，推动城市基

础设施向农村延伸、公共服务向农村覆盖、资源要素向农村流动，城乡关系发生深刻变革，“千万工程”由此成为系统化解决“三农”问题的一把金钥匙。

（四）坚持处理好政府主导、农民主体、社会参与关系

浙江在推进“千万工程”过程中，深刻认识到这既是政府的责任，也是农民自己的事情，政府要发挥导向作用，但主体还是群众，同时也要广泛动员社会力量参与。在具体实施过程中，浙江坚持“村里的事情大家商量着办”，把“政府想做的”和“农民想做的”结合起来，划清政府、市场、集体、农民边界，做到各尽其能、各就其位、各得其所，该由政府干的干到位，该由农民自主干的不越位、不包揽，激发农民内生动力，推动实现“要我建设美丽乡村”到“我要建设美丽乡村”的转变。据估算，20年来各级财政投入“千万工程”资金约3000亿元，撬动社会资本投入超5000亿元，助力浙江万千乡村发生美丽蝶变。

（五）坚持久久为功、“一张蓝图绘到底”

习近平总书记在浙江工作期间反复强调：“要坚持不懈抓好‘千万工程’这项惠及全省千百万农民的‘德政工程’。”20年来，浙江省委始终把“千万工程”作为“一把手”工程，每5年出台1个行动计划，每个重要阶段出台1个实施意见，从“千村示范、万村整治”引领起步，到“千村精品、万村美丽”深化提升，再到 “千村引领、万村振兴、全域共富、城乡和美”，一任接着一任干，不断迭代升级，积小胜为大胜，持续深化“千万

工程”。为了防止“上热下冷”，浙江还注重用好督查、暗访、排名、晾晒等机制。例如，温州泰顺县从2003年就开始推行“两最”（“最脏村”“最干净村”）评选，每个月从全县200多个村中评选出10个最干净村和10个最脏村，在当地媒体公布、晾晒；每半年评选出1个最干净村、1个最脏村，在全县大会上请县委书记、县长为“两最”村书记授牌，让干净村得到鼓励，最脏村知耻而后勇。全省上下形成了党政一把手亲自抓、分管领导直接抓、一级抓一级、层层抓落实的工作推进机制。

二、广东调研的观察思考

广东着眼于促进城乡区域协调发展，结合省情实际，提出“百县千镇万村高质量发展工程”（简称“百千万工程”），我们认为这是汲取了浙江“千万工程”经验真谛，抓住了广东城乡发展主要矛盾的顶层设计。同时，改革开放40多年，广东积累了大量物质财富基础和宝贵实践经验，完全具备实施好“百千万工程”的基础和底气。当然，广东的这项工作才刚刚开始，根据我们的调研观察，在推进乡村全面振兴上还可能存在一些困难和挑战，具体包括以下三方面。

（一）在学习借鉴浙江“千万工程”过程中，要避免理念认知上的偏差

据我们调研了解，广东“百千万工程”重点在县域经济、城镇提质、乡村振兴、城乡融合四方面开展工作，对应这四个方面工作内容，再加上协调宣传，在省级层面成立了5个专班。

“百千万工程”对标浙江“千万工程”，把工作重心放在县及以下，工作目标就是破解城乡二元结构、实现城乡协调，政策设计思路是好的。但要警惕在实际工作推动中这四个方面的专班各自为政、成为“四张皮”。

（二）要深刻认识到在广东省域内部，城乡之间、区域之间发展不平衡不充分的问题还较为突出

广东以珠三角地区为主阵地，在改革开放和经济社会发展上走在全国前列，但城乡之间、区域之间发展不平衡不充分的问题也逐渐显现。2023年4月，习近平总书记在广东视察时也再次强调了“广东要下功夫解决区域发展不平衡问题”。2022年，广东地区生产总值（GDP）达到12.9万亿元，连续34年位居全国第一，这一经济体量甚至超过了不少发达国家。但是，省域两极分化格局还较为明显，珠三角地区经济总量大，产业结构合理，形成了具有国际竞争力的产业集群，粤西、粤东、粤北地区与之还有不小差距。从经济总量来看，珠三角9个地级市生产总值在全省的比重已经达到80%以上，而其余12个地级市加起来还不足20%；珠三角9市人均地区生产总值超过11万元，是其余12个地级市的2.29倍。从产业结构来看，珠三角地区的一、二、三产比例为4.15∶45.59∶50.26，而其余地区为13.91∶38.55∶47.54，可见在珠三角以外，二三产业带动经济增长还缺乏动能。从产业集群来看，珠三角地区毗邻港澳，是粤港澳大湾区的核心和中国对外开放的窗口，高端制造、金融服务、人工智能与数字经济等领域竞争优势明显。近年来，又引进了一批国内外知名的高等院校和科研院所，补齐了高层次人才培养的短板，预期在未来相当长

的一段时间，珠三角地区仍将是支撑中国经济高质量发展的重要引擎。相比之下，粤西、粤东、粤北大部分地区仍然缺少强有力的产业支撑，在产业规模、链条效应、基础设施和高精尖人才方面缺乏比较优势，不利于吸引优质产业项目。就业岗位缺少导致城镇人口持续流失，长此以往，县域经济支撑经济高质量发展将面临挑战。从城乡收入差距来看，广东省仍然是全国城乡收入差距较大的省份。广东省城乡居民可支配收入比为2.41：1（浙江是1.9：1），城乡居民可支配收入绝对差距高达3.33万元，是东部地区城乡收入差距最大的省份之一。广州一些农业大区往往是财政穷区，但由于占了个“珠三角”的名头，极少能拿到省里的财政资金，财政支持这些区县乡村振兴工作力度不足。

（三）要在工作方式方法上锐意进取、敢于突破和创新

广东常年处于改革前沿，强调市场和民间自发的力量，也要重视有为政府的作用。一些区县或乡镇好的基层探索，要注重总结、提升、推广，发挥示范带动作用。从“百千万工程”的实施推进来看，既要注重学习、总结、提炼浙江“千万工程”经验，更要结合自身条件和产业发展特色进行制度创新，形成更多具有广东典型性和可复制性的经验做法。

三、对广东推进乡村全面振兴的几点建议

广东推进乡村全面振兴有基础、有条件，前景可期。下面，我就学习运用浙江“千万工程”经验、推进广东乡村全面振兴提几点建议。

（一）找准“三农”工作中具有时代特点的主要矛盾，在千头万绪中解决最突出的问题

“三农”工作涉及事多面广，工作的开展面临着众多的挑战和问题。因此需要明确具有时代特点的主要矛盾和矛盾的主要方面，并将解决这些突出问题作为工作的重点。在不同的阶段和不同的地区，农村发展所面临的问题和矛盾各有不同。推进乡村全面振兴需要突出问题导向，结合农村发展的实际情况和农民的需求，准确把握农业农村发展中最突出的问题和矛盾，找准切入点，以点带面，通过解决重点问题来推动乡村全面振兴。以浙江为例，浙江在启动“千万工程”的前期做了充分的调研，广泛征求农民的意见，将解决农村污水、蝇虫、垃圾等问题作为切入点，将政府和农民的想法有机结合起来，以最大限度地获得农民群众的理解和支持。这种做法有效地解决了当地农村环境问题，切实提高了农民的生活质量，并推动了乡村振兴的进程。在广东省内，地区与地区之间存在着显著的差异，因此各地在制定政策时应该在扎实调研的基础上找出乡村发展中的主要矛盾，而不是采取一刀切、齐步走的方式。要充分尊重群众意愿，妥善处理好政府推动与农民选择之间的关系，依法保障农民的农村土地承包权、宅基地使用权、集体收益分配权，畅通相关权益退出渠道。对于不愿退出相关权益或者不愿意改变现有居住条件的农户，应充分尊重其个人意愿，不能强迫农民“上楼”，并保障其在水、电、路等方面的生活条件不受损。只有深入了解当地的实际情况，广泛了解民意，把握好主要矛盾，了解农村发展中的最突出问题，才能找到适合本地发展的方法和路径。只有确保政策和措

施切实解决农业农村发展中的核心问题，才能有效提升农民的生活水平，实现乡村振兴战略目标。

（二）以城乡融合发展理念为引领，形成以工促农、城乡互促共进的发展格局

当前，我国城乡利益格局深刻调整，农村社会结构深刻变动，农民思想观念深刻变化。习近平总书记指出，在现代化进程中，如何处理好工农关系、城乡关系，在一定程度上决定着现代化的成败。党的十八大以来，以习近平同志为核心的党中央坚持农业农村优先发展，不断建立健全城乡融合发展体制机制和政策体系，我国城乡融合发展取得重大进展。城镇化水平不断提升，2021年全国常住人口城镇化率达到64.7%，比2012年提高12.1个百分点。户籍人口城镇化率46.7%，比2012年提高11.7个百分点。城乡居民收入与生活差距持续缩小，2012年以来，农村居民人均收入实现持续较快增长，增速持续高于城镇居民，城乡居民收入比由2012年的2.93：1缩小到2021年的2.5：1。农村居民生活水平显著提高。2012—2021年，农村居民人均消费由6667元增加到15916元，年均增速10.2%，快于同期城镇居民人均消费增速3.6个百分点。农村居民恩格尔系数明显下降，由2012年的39.3%下降到2021年的32.7%，下降了6.6个百分点。在“千万工程”推进之初，浙江也和广东一样，面临着城乡差距持续拉大的问题。浙江在推进“千万工程”过程中，突破就农论农的思想束缚，把农村和城市作为有机统一的整体系统考虑、统筹谋划，充分发挥城市对农村的带动作用和农村对城市的促进作用，推进城市基础设施向农村延伸，基本公共服务向农村覆盖，在全国率先走出一条以

工促农、以城带乡、城乡一体化发展的路子。近年来，各地在推进城乡融合发展诸多方面进行了积极探索，实现了一定突破，但仍存在一些障碍和壁垒。比如，城乡公共服务质量仍存在一定差距，进城务工农民市民化质量不高，持续缩小城乡居民收入差距缺乏内生动力等。广东各地发展禀赋差别较大，发展基础不尽相同，不平衡不充分在县域之间也较为突出。广东“百千万工程”的实施将“县”的角色提到前台，推动各县（市、区）担起主责、唱好主角。县域是我国地理单元和行政层级中非常重要的一环，以县域为基本单元推进城乡融合发展，既有利于发挥县城连接城市、服务乡村的作用，增强对乡村的辐射带动能力，促进县城基础设施和公共服务向乡村延伸覆盖；又有利于引导农业转移人口实现就地就近就便城镇化，有效降低城镇化成本和阻力，优化城乡空间格局，推动乡村要素合理聚集，加快广东推进乡村全面振兴的进程。推进县域城乡融合发展，加快破除县域内城乡二元结构。切实落实农业农村优先发展总方针，破除妨碍城乡要素平等交换、双向流动的制度壁垒，促进发展要素、各类服务更多下乡，加快推进县域内城乡要素配置合理化、城乡公共服务均等化、城乡产业发展融合化。尊重乡村与城镇和而不同。统筹推进宜居宜业和美乡村建设和城镇化建设，保护好传统村落和农耕文化，努力实现城镇让生活更美好、乡村让人们更向往，做到城镇与乡村各美其美、协调发展。

（三）构建起强有力的推进机制和工作体系

从浙江经验来看，“千万工程”实施之初，就明确了分级负责制，省级负责顶层设计、指导服务、督促落实，市县负责统筹协调、整合资源、组织实施，乡镇负责落实政策、具体实施、建设管护。要强化监督考核和奖惩激励，发挥考核“指挥棒”作用，敢于晾晒、动真碰硬，把“要推进的工作”变成“各级要争要抢的荣誉”，对落实乡村振兴责任到位、工作成效显著的部门和个人，以及做出突出贡献的社会帮扶主体，以适当方式予以表彰激励。对乡村振兴工作中不履行或者不正确履行职责，存在形式主义、官僚主义等问题的，依法依规追责问责。同时，对乡村振兴工作中履职不力、工作滞后的，建立常态化约谈机制。广东完全具备实施好“百千万工程”的基础和底气，相信广东有能力、有魄力做到。

（四）激发广大农民群众参与乡村建设的内生动力

推进“千万工程”既是政府的责任，也是农民自己的事情。全过程、全环节发动农民参与是“千万工程”实施的动力所在。要坚持乡村振兴为农民而兴、乡村建设为农民而建，落细自下而上、农民参与的工作机制，拓展参与渠道，创新参与形式，不包办代替、大包大揽，不干那些政府干、农民背着手看的事，不断激发农民积极性、主动性和创造性，让农民真正成为决策者、参与者、监督者。从浙江实践看，凡是农民主体作用发挥得比较好的地方，工程建设都比较快，实施效果也比较好。比如，开化县在推进“千万工程”过程中，注重发挥群众主体作用，在规划期争取群众支持、预留出群众参与途径，在建设期引导群众全程参与，在运营期留足群众就业增收空间，实现“人人有事做、家家有收入”。这一点也值得广东省借鉴。同时，要不断加强和改善乡村治理，要培养农民主体意识，引导农民参与村庄公共事务。

增强村民法律意识，努力形成办事依法、遇事找法、解决问题用法、化解矛盾靠法的法治型乡村秩序。增强乡村治理道德和文化支撑，深入挖掘农村优秀传统文化中的治理智慧，将千百年来传承的诚实守信、孝老爱亲、耕读传家、人与人和睦相处、人与自然和谐共生等优秀传统文化融入乡村治理实践，增强村民对村庄的认同感和归属感。还要调动农民参与乡村治理积极性。乡村治理，农民是主体。切实尊重农民主体地位，尊重农民意愿，保障农民权益。创新村民议事载体，丰富村民议事形式，让农民自己说事、议事、主事。

（五）传承发展农村优秀传统文化，必须坚持塑形和铸魂并重，坚持物质文明和精神文明一起抓

浙江在实施“千万工程”过程中，结合农村特性传承耕读文化、民间技艺，加强了对农业文化遗产和历史文化村落的保护，并通过打造“美在安吉”、德清“德文化”等区域性品牌，不断发掘农村传统文化基因。近年来，各地坚持用社会主义核心价值观教育引导广大农民，不断创新平台、载体和抓手，加快培育文明乡风，丰富乡村文化生活，乡村社会文明程度和广大农民精神风貌不断提升。搭建新时代文明实践平台，新时代文明实践中心实现县乡村三级全覆盖，推进道德宣讲团等队伍阵地建设，深入开展新时代文明实践活动，营造崇德向善的社会氛围，有效提振农民群众精气神。深入推进移风易俗，倡导婚事新办、丧事简办等社会风尚。一些地方引导村民成立道德评议会、禁赌禁毒会、红白理事会等群众自治组织，高价彩礼、人情攀比、厚葬薄养等陈规陋习得到有效遏制。乡村文化生活不断丰富，农村优秀

传统文化在保护传承中发展。农村公共文化服务体系不断健全，村级综合性文化服务中心覆盖率达到96%，送戏下乡等农村公共文化产品供给不断增加，农民群众自发举办文化活动蓬勃开展。浙江省庆元县月山村“乡村春晚”、贵州省台江县台盘村篮球赛“村BA”等火遍全网。传统的农本思想、耕读传家塑造了我国灿烂的农耕文化，通过农业景观、农事活动、农展节庆等载体得以不断传承。每年秋分日的“中国农民丰收节”，成为亿万农民庆祝丰收、享受丰收的节日，汇聚了人们对那座山、那片水、那块田的情感寄托。全国6819个村落列入中国传统村落保护名录，认定138项中国重要农业文化遗产，全球重要农业文化遗产达到19个，居世界第一，世界灌溉工程遗产达30处。近年来，各地创新传承发展农村优秀传统文化方式和载体，取得了明显成效，但也面临一些挑战和问题。比如，农村思想阵地有待进一步强化，陈规陋习尚未得到有效遏制，农村文化人才短缺，市场化力量对传统农耕文化冲击等。广东推进乡村全面振兴，要注重在新形势下传承发展优秀的农村传统文化，坚持绵绵用力、久久为功。一是持续涵育文明乡风。充分利用新时代文明实践中心平台，整合现有基层公共服务阵地资源，打造理论宣讲、教育服务和文化服务平台，积极开展传思想、传道德、传文化等活动。创新爱国卫生运动方式方法，教育引导农民群众养成良好卫生习惯和生活方式。深入开展移风易俗活动，破除大操大办、铺张浪费等陈规陋习。有效发挥村规民约作用，推进移风易俗、成风化俗，不断提升农民精神风貌，使文明乡风、良好家风、淳朴民风在广大农村蔚然成风。二是丰富乡村文化生活。加大农村公共文化服务投入，支持建设农村文化礼堂、文化广场，支持农民自发组织富有农耕农趣农味的文化体育活动，增加体现和谐和顺和美的乡村文化产品和服务供给，让农民愿参与、能参与、乐参与。三是保护农业文化遗产、传承和发展优秀传统文化。实施农村优秀传统文化保护传承行动，保护好文物古迹、传统村落、民族村寨、传统建筑、农业遗迹等。加强农业文化遗产展示宣传和转化创新，因地制宜发展农文旅融合新业态，拓展农业多种功能，实现乡村多元价值。深入挖掘农村优秀传统文化蕴含的优秀思想观念、人文精神、道德规范，充分发挥凝聚人心、教化群众、淳化民风的重要作用。

（六）吸引一批有情怀、能担当、肯奉献、善作为的能人服务农村

青年人才是推动乡村全面振兴的重要力量，而营造良好的社会环境则是吸引人才的必要条件。应着力做好农村新面貌新气象、返乡创业典型案例的宣传文章，以乡音乡愁为纽带打好感情牌，引雁归巢，吸引有知识、有情怀的青年人才携梦而归。大力发挥“农创客”“新农人”等群体的带动效应，以深化党建联建、遴选农业产业带头人等形式多维发力，以才引才，吸引更多人才到农村发展。广东是对外开放较早的省份，一批有能力的人抓住机遇实现了“先富”，下一步要通过创新机制，实现“先富带后富”。引导优秀企业家回乡创业，发挥他们的引领带动作用，助力发展乡村产业，完善联农带农利益联结机制，拓宽农民增收致富渠道，扎实推进农民农村共同富裕。

罗锡文

无人农场的探索与实践

主讲人简介

罗锡文，中国工程院院士，华南农业大学教授，南方农业机械与装备关键技术教育部重点实验室主任。华南农业大学农业机械化工程国家重点（培育）学科带头人，农业机械化及其自动化国家特色专业、农业机械学国家精品课程和农业机械学国家级教学团队负责人。主要研究领域为水稻生产机械化和农业机械与装备机电一体化技术。先后主编专著6部，发表学术论文400余篇，SCI/EI收录100余篇。首创同步开沟起垄施肥水稻精量穴播技术体系，创新研制成功水稻精量穴播机和水田激光平地机；突破了农业机械导航与自动作业系统关键技术，研制成功无人驾驶拖拉机、水稻种植机械和棉花播种机械，在国内率先开展无人农场建设，在广东增城建立了全球首个水稻无人农场。

智慧农业是现代农业的高级形式，是在信息技术和先进装备的基础上，以数据、系统、智能装备为特征要素，与传统农业中的土地、动植物、生产工具等生产要素深度融合，实现生产作业精准化、管理决策自主化和产业提升链式化，大幅提高劳动生产率、土地产出率和资源利用率，促进农业进入生产便捷、管理高效、产业协调的现代农业新时代，是未来农业的发展方向。除了精准感知、控制与决策管理外，从广泛意义上讲，智慧农业还包括农业电子商务、食品溯源防伪、农业休闲旅游和农业信息服务等方面的内容。

采用智慧农业技术，可以大幅度提高劳动生产率、土地产出率和资源利用率。以水稻生产为例，在种植环节，人工插秧一人一天只能插一亩地，而一台无人驾驶插秧机一小时能插五亩地。在收获环节，人工收获一人一天只能收半亩地，而一台无人驾驶收获机一小时能收五六亩地。在土地产出率上，由于采用基于北斗的精准导航技术，直线行驶横向误差小于2.5厘米，能提高土地产出率0.5%~1.0%。以农田精准平整为例，农田精准平整后能节水20%~30%，节肥5%~10%，增产5%~10%，比传统平地方法提高效率30%。

无人农场是未来农业的发展方向，有助于实现农业生产的精准化、标准化、精细化、集约化、规模化和高效化，达到增产增收和可持续发展的目的。2020年，华南农业大学在广东增城创建了全球首个水稻无人农场，突破了数字化感知、智能化决策、精准化作业和智慧化管理四大关键技术，实现了五大功能，包括耕种管收生产环节全覆盖、机库田间转移作业全自动、自动避障异况停车保安全、作物生产过程实时全监控和智能决策精准作业全无人，取得了显著的经济、社会和生态效益。通过对无人农场的探索与实践，为实现耕牛退休、铁牛下地、农民进城、专家种地的愿景，推进乡村振兴，提高农业生产效率提供了重要途径。

一、无人农场的数字化感知

精准作业之前，我们需要知道作业对象、作业环境和作业机械的相关信息，也就是平时我们经常讲的农情信息，怎样获取这些信息？就是采用“星”“机”“地”三大技术。

“星”就是根据卫星影像分析农作物的长势和病虫草害信息。首先，采用卫星影像监测作物的生长情况和病虫草害情况，每隔一段时间获取一次农田中作物影像，研究人员利用卫星影像中的可见光和红外光谱信息评估农田中作物的长势。通过计算影像中的植被指数（如归一化植被指数，NDVI）获取作物的绿度信息，较高的植被指数值表示较健康的植被。通过分析影像中的红外光谱信息，还可以获取作物的生长情况和叶面积指数（LAI）等参数，这些指标可以帮助研究人员评估作物的生长速度、叶片覆盖程度和总体健康状况。其次，利用卫星影像监测农田中的病虫草害，通过分析影像中的颜色、纹理和形状等特征，识别可能存在的病虫害，因为病害可能导致作物叶片出现特定的颜色变化或纹理异常，虫害可能导致作物叶片上出现特定的损伤痕迹或形状变化，研究人员可以通过计算机视觉和图像处理技术自动识别和分类这些特征，生成病虫草害分布图。基于以上分析，可以获得农作物长势和病虫草害的重要信息，将不同时间节点的卫星影像进行比较，可以观察作物的生长变化趋势，及时发现和监测病虫草害的扩散情况。这些信息对于农业管理者和农民来说非常重要，可以帮助他们及时采取措施，如合理施肥、灌溉和病虫害防治等，以提高农作物产量和质量。

“机”就是根据有人驾驶飞机或无人驾驶飞机获取的信息，分析作物的长势和病虫草害情况。首先，采用有人驾驶或无人驾驶飞机进行航拍，获取作物生长区域的航空影像。选择合适的航拍高度和飞行路径，以确保影像的覆盖范围和质量。在飞机上搭载高分辨率相机，可以获取细节丰富的图像。如在无人驾驶飞机上搭载近红外传感器，可以获取作物的反射特征，提供作物叶绿素含量和植被健康状况信息。其次，对获取的航空影像进行图像处理和分析，采用计算机视觉和图像处理技术，如图像配准、特征提取和分类算法，提取作物的长势和病虫草害信息。如通过计算影像中的植被指数评估作物的绿度和生长情况，较高的植被指数值表示较健康的植被。同时，利用图像分割和分类算法，将影像中的植被和病虫草害进行分离和识别。基于以上分析，可以获取关于作物长势和病虫草害的重要信息。通过观察不同地块和时间节点的影像，可以比较作物的生长变化和病虫草害的分布情况。

“地”就是在地面机器上搭载多光谱/高光谱以及相关仪器，获取农作物的长势和病虫草害信息。选择适当的波段，如可见光和红外波段，可以获取作物的反射特征，采用高光谱仪器可以获取更精确的作物反射特征，如叶绿素含量、叶面积指数和植被健康状况等。然后，采用光谱分析技术，如光谱曲线拟合和特征提取算法，提取作物的长势和病虫草害信息。计算不同波段之间的光谱指数，如归一化植被指数和叶绿素指数（CI），可以评估作物的绿度和生长情况。利用光谱特征和模式识别算法，可以对作物长势和病虫草害进行分类和识别。基于以上分析，可以得到农作物长势和病虫草害的重要信息。

“星”“机”“地”这三种技术分别适用于不同作业场景，比如，如果我们想知道广东全省的水稻种植面积，就用卫星影像图片来分析；如果想知道某个农场内水稻生长情况，就用无人机来获取这些信息；如果想知道田里水稻长势和病虫草害情况，就用地面机器搭载多光谱/高光谱获取这些信息。无人农场中需要获取的信息主要包括土壤信息、作物长势信息和作物病虫草害信息，利用这些信息可以指导无人农场的生产，这就是无人农场的第一个关键技术——数字化感知技术。

二、无人农场的智能化决策

无人农场的智能决策涉及诸多方面，一是基于地形地貌、田块大小和灌溉条件的智能决策土地整治方案，制定出最合适的土地整治策略，以提高土地的利用效率和农作物的产量。

二是根据地形地貌和土壤特性，智能决策不同区域的适宜作物类型，并根据地形的平缓程度，智能指导地块大小和机耕道的设计。考虑到不同的灌溉要求，智能指导灌排渠道的布设，合理安排灌溉，确保作物得到适量的水源供应。

三是根据土壤质地和耕整习惯，智能决策耕整方案，选择适合的耕作方式，如犁耕、耙耕、旋耕等，以提高土壤的通气性、保水性和肥力，最大限度地促进植物的生长和发育。

四是根据当地的气候条件和种植习惯智能决策种植方案，包括一熟制或多熟制（如稻—麦、稻—油、稻—稻）等。同时，根据当地的气候条件和土壤特性，智能决策播种方案，包括合适的播种时间、适宜的播种间距和播种量等。

五是根据作物长势和病虫草害信息，智能决策田间管理方案，包括灌排、施肥和打药等作业，如根据土壤湿度和环境温度智能调整灌溉安排，确保土壤湿度维持在最适宜的范围内；结合土壤养分和作物的养分需求，智能决策肥料种类、用量和施肥时间，以提高肥料的利用效率。通过实时监测病虫草害情况，及时预警可能出现的病虫草害风险，并提供针对性的防治方案，推荐合适的农药种类、剂量和最佳的施药时间及方式，减少病虫草害对作物的危害，降低对环境的污染。

六是根据作物的长势和当地的气象条件智能决策收获方案，推荐适宜的收获时间窗口、收获方式和工具，确保作物的产量和品质。

三、无人农场的精准化作业

精准作业是现代农业技术发展的重要方向，包括耕整、种植、田间管理、收获和干燥等环节。

第一是农田精准平整。激光平地技术和卫星平地技术是两种主要的平整方式。借助卫星信号和激光信号，可以实现精准平整，使田面的高差不超过3.3厘米。

第二是播种。采用无人驾驶水稻直播机将水稻种子精准地直播到土壤中，可实现同步开沟起垄和精量穴直播。

第三是田间管理。我国的大型智能化变量喷雾机取得了重要进展，可以自动识别杂草，准确调整喷雾量，实现了精准对靶喷施。

第四是收获。一台无人驾驶收获机和一台无人驾驶运粮车组成跟车卸粮收获系统。作业时，两台机器并排行驶，直线段卸粮时两台机器的横向位置误差不超过5厘米，纵向位置误差不超过10厘米，保证了收获机准确地将稻谷卸到运粮车中，大大提高了收获效率。

第五是干燥。干燥是农作物收获后处理中的重要环节，华南农业大学研发成功稻谷集中干燥系统，将稻谷的含水率从28%降低到13.6%，每小时可干燥14吨，干燥成本每吨仅15元，比传统的人工晒谷方法更经济。

四、无人农场的智慧化管理

无人农场的智慧化管理主要包括农作物生长管理、农机管理和农场管理。通过远程监控农机作业位置、作业进度和作业质量，并可进行故障预警和指导维修。

首先是农作物生长管理。通过传感器网络和自动控制系统，实时监控农田环境因素，如土壤湿度、温度、光照强度等，实时对农作物生长进行精准调控，如灌溉、施肥、病虫害防治等，以最大程度地提高农作物的产量和品质。

其次是农机管理。通过在农机上安装的卫星定位系统和传感器，可以实时监控农机的作业位置、作业进度和作业质量，合理安排作业计划，提高作业效率。同时，通过故障预警系统，实时监测农机的工作状态和设备健康状况，及时发现故障并指导维修。

农场管理是智慧化管理的核心部分。借助云计算、大数据和人工智能等技术，通过数据采集和分析，农场管理人员可以全面准确地获取农场信息，包括土地利用情况、作物生长数据、农机作业数据等，从而进行科学决策和精细化管理，提高资源利用效率和农业生产效益。

在智慧化管理中，信息技术和通信技术发挥了重要作用。通过无线传感器网络、物联网和云计算等技术手段，可以实现农场各种设备、传感器和系统的互联互通，管理人员可通过手机和电脑等终端设备随时随地对农场进行监控和管理，提高工作效率。

智慧化管理除了提高生产效率和降低生产成本外，还有环境友好和可持续发展的优势。通过精准施肥和减少农药使用可以减少对环境的污染，保护生态环境。同时，通过合理的资源配置和生产方式的转变，可以降低能耗和排放，实现绿色可持续发展。

五、无人农场的未来展望

谁来种地和怎样种地是全球农业面临的共同问题。随着现代信息技术与农业生产的深度融合，无人农场在农业生产中发挥的作用和带来的效益越发明显，以自动导航为代表的无人农场关键技术已经或正在改变现代农业生产方式。

以农机自动导航为标志，我国智能农机关键技术已走过了近20年的发展历程。其间，农机自动驾驶系统经历了学习、发展、追赶和超越国外技术几个阶段，形成了具有自主知识产权的农机导航系列产品，打破了国外产品长期垄断的局面，先后研发成功无人驾驶拖拉机、植保机和收获机等智能农机装备，并在小麦、水稻、玉米等大田生产中推广应用，初步形成了适应我国农业生产模式的无人农场模式。

与国外无人农场技术相比，我国在农机作业智能决策、精准作业控制等方面仍有差距，我国农业无人化生产数据积累不足，缺乏对数据的有效分析与利用。此外，我国幅员辽阔，农作物类型、生长环境和生产农艺差异大，导致国内成熟的农机作业决策模型不多且缺乏普适性。精量播种与变量施肥控制、精准喷洒控制、高效高质收获作业控制等尚处于研发阶段，与国外存在一定差距，这也是我国未来无人农场技术领域需要着力发展的方向。

无人农场作为新型生产方式，还存在农田非结构环境多模态信息融合感知模型缺乏、智能农机装备自主性较差等问题。未来无人农场技术研究将主要聚焦于农田非结构化环境感知、复杂多变农田环境下农机无人驾驶、无人农机作业任务分配与路径自主规划、智能农机机群自主协同作业控制等核心技术领域，这些技术既是难点，也是未来最具竞争力的技术制高点。目前我国与国外在这些领域基本处于同一起跑线，是未来最有可能超越国外同类技术产品的领域。

我国无人农场的发展应瞄准农业现代化与乡村振兴战略的重大需求，突破一批无人农场卡脖子与短板技术，创制适用于我国农业生产的智能农机装备，实现机器代替人力、电脑代替人脑和自主取代进口的转变，并通过技术产品的广泛推广应用，大幅提高农业生产效率与效益，引领现代农业的发展。

郑永年

乡村振兴的三层思考

主讲人简介

郑永年，华南理工大学公共政策研究院学术委员会主席、教授，广州粤港澳大湾区研究院理事长，香港中文大学（深圳）校长讲座教授，全球与当代中国高等研究院院长。主要研究方向为民族主义与国际关系；东亚国家和地区安全；中国的外交政策；全球化、国家转型和社会正义；技术变革与政治转型；社会运动与民主化；比较中央地方关系；中国政治。近年来，先后出版和主编著作近百部，其中英文专著十余部。在国际学术刊物上发表学术论文数十篇。是海内外著名的中国问题专家，在国际学术界和决策领域具有重大影响。

大家好，我是郑永年，很高兴参加乡村振兴塘口论坛。我认为，乡村振兴塘口论坛非常有意义，尤其是对于广东省而言。党的二十大报告再次强调乡村振兴，体现了党中央对乡村振兴的高度重视，广东省政府也在2023年春节后的第一天召开了全省高质量发展大会，并且就乡村振兴提出了“百县千镇万村高质量发展工程”（简称“百千万工程”），这是广东省继精准扶贫工程之后的又一个以实现农村现代化、农业高质量发展和共同富裕为目标的伟大工程。无论从经济发展水平来说，还是从先行一步的改革开放经验来说，广东必须引领国家的“三农”现代化，做中国式现代化的领头羊。以发展阶段和经济体量来说，广东也是最有条件推进“三农”现代化的省份之一。

我认为，如今的“三农”现代化已经进入了一个新的阶段。过去我们谈的是“三农”问题，现在谈的则是转向“三农”现代化，这是一种思维和思想上的变化。以前强调“三农”问题，是因为当时我们一些人总有一个假定，认为中国的城市化、工业化会把“三农”问题消化掉。但是，现在看来，发展并不是这个样子。我们强调“三农”现代化并不是说当前的现代化、工业化无法解决“三农”问题，而是强调农业、农村、农民如何实现现代化。“三农”不是问题，“三农”现代化的实现并不意味着“三农”就会消失。“三农”是一个永恒的现象，“三农”现代化也是一个长期的发展过程。“三农”现代化是国家战略，是国家总体现代化的有机组成和重要部分。在这个过程中，我们既要把“三农”现代化的顶层设计做好，也要把规划和发展落实好。

因此，在今天的这个论坛上，我就“三农”现代化，提出三层思考。

一、哲学思考

如何实现乡村的永久化发展、永续地发展、可持续发展？第一层就是对“三农”现代化做哲学层面的思考，这是最重要的。中国“三农”现代化首先需要哲学层面的思考，可以结合习近平总书记近年来对中国农耕文明的论述。我认为，要在政策层面来解决“三农”问题，就必须先从哲学层面对“三农”进行一些思考。

当今世界各国面临着不同价值冲突的问题，比如，西方面临各种激进主义思潮，中东地区的宗教极端主义思想正冲击着世界。世界当下的价值体系是什么？既然老的价值体系不行了，那么新的价值体系该是什么？在西方，一些国家正经历着保守主义思想的复兴，比如，欧洲诸国开始放弃往日的所谓“文化多元主义”，而转向重新强调社会主流价值，也即传统价值体系；中东一些国家（尤其是土耳其）正在恢复传统宗教思想的影响。

而我们国家实际上也是出现了类似的情况，只是问题的不同程度而已。因此，我们要回答如何重新建构我们的价值体系的问题。有一个问题需要直接提出来，即过去建立在农耕文明之上的、已经存在了几千年的传统价值体系还要不要？过去我们常说的“孔孟之道”便是农耕文明的产物。传统数千年形成了“儒释道”三合一的价值体系，今天如何延续？如果要延续，那么要延续哪些价值？而这些价值又该如何发展下去来实现价值的现代化？我觉得这个问题很多人还没有想清楚，至少想得不够清楚。

从世界范围，尤其从欧洲近代文明看，英文“文明”（civilization）这个词跟城市是有关系的，city和civilization是有关联的。但如果看看欧洲的历史，可以发现，欧洲人并没有把乡村或把农村看成是落后的；相反，近代以来很多哲学家、思想家把农村视为文明的载体，他们会为乡村的衰落而悲歌，为乡村的振兴而振臂高呼。近代化和现代化都是从欧洲开始的，如果比较一下欧洲的城市化和中国的城市化就会有很多的发现——欧洲有没有像中国那样的超大城市？欧洲有那么多的人在推动城市化或者城市群的建设吗？没有。欧洲和中国的区别在于对城市和乡村的不同思考。在欧洲，小城镇也是城市化，甚至在乡村也是可以享受城市生活的，而我们在乡村往往享受不到城市的便利生活，我们是鄙视乡村的。我们很多人喜欢到欧洲旅游，尤其是到欧洲的小镇，但回到国内照样鄙视乡村。我个人觉得，这是我们的可悲之处。

比较一下其他东亚文明，日本、韩国、新加坡、越南甚至包括中国的台湾和香港，这些社会都把几千年留下来的传统农耕价值思想保存得很好。很多人到了这些社会，发现他们更接近于中国的传统。以日本为例，日本的人口密度远比我们高，城市也在扩大，尤其是东京，它差不多集聚了日本三分之一的人口，但并不影响日本的乡村建设取得成功，这说明只要方法得当，大城市建设和乡村建设并不矛盾。再看新加坡，尽管新加坡是个城市国家，没有传统的农耕文明支撑，没有我们所说的农业、农村、农民，甚至正式“废除”了农业。但是从20世纪七八十年代开始，李光耀就一直在主张新儒家和亚洲价值观。前阵子，新加坡总理李显龙还在讨论新加坡要不要像中国那样建立养老院。养老院不符合儒家的传统价值观。儒家传统是不会容许把老人置于养老院的。在农耕文明的价值体系中，家庭是关键，老人老了，应当由家庭来养老。我认为，李显龙这种思考是非常有启发性。当我们一方面在强调文明自信、文化自信的时候，我们的思考很可能在很多方面正在被“西方化”了。比如，“家庭”既是儒家文明的核心，也是儒家文明的载体，但是在改革开放以后，人们对家庭的态度发生了很大的变化。我们所做的很多方面并不有利于家庭的发展，而是恰恰相反。这就造成了今天的困局：一方面，我们所需要解决的一些主要问题有待于家庭发挥作用，如养老、护幼和生育；另一方面，我们则在快速地把这些责任转移给国家和社会，而国家和社会是解决不了这些问题的。

农耕文明随着城市化在快速消失，但是我们还没有创造出城市文明。我们有没有中国特色的城市文明呢？城市文明的大多数因素都是通过现代化甚至借鉴西方而来的。我们看看大城市的建筑就知道了，今天中国的各大城市充满着奇奇怪怪的建筑物，很多人说中国是最大的世界上后现代主义的试验场。很显然，这不是中国本身的传统化，而是西方的后现代化。

中国的现代化并非西方化而是中国传统本身的现代化。中国以前的农耕文明有很多制度上的优势传统，我们要思考怎样把它现代化的问题，而不是简单地把它丢掉。对中国现代化的这种认识，十八大以后也反映在乡村振兴上。习近平总书记就农耕文明的传承发展和提升农耕文明有很多论述，我念几段给大家听，大家可能会深有体会。习近平总书记指出：“乡村文明是中华民族文明史的主体，村庄是这种文明的载体，耕读文明是我们的软实力。城乡一体化发展，完全可以保留村庄原始风貌，慎砍树、不填湖、少拆房，尽可能在原有村庄形态上改善居民生活条件。”［《在中央城镇化工作会议上的讲话》（2013年12月12日）；《十八大以来重要文献选编》（上），中央文献出版社2014年版，第605-606页。］“农耕文化是我国农业的宝贵财富，是中华文化的重要组成部分，不仅不能丢，而且要不断发扬光大。如果连种地的人都没有了，靠谁来传承农耕文化？”［《在中央农村工作会议上的讲话》（2013年12月23日）；《十八大以来重要文献选编》（上），中央文献出版社2014年版，第678页。］“‘村庄空心化’和‘三留守’是一个问题的两个侧面。外在表现是村子空了，本质上是人一茬一茬离开农村。农村是我国传统文明的发源地，乡土文化的根不能断，农村不能成为荒芜的农村、留守的农村、记忆中的故园。”［《在中央农村工作会议上的讲话》（2013年12月23日）；《十八大以来重要文献选编》（上），中央文献出版社2014年版，第682页。］“新农村建设一定要走符合农村实际的路子，遵循乡村自身发展规律，充分体现农村特点，注意乡土味道，保留乡村风貌，留得住青山绿水，记得住乡愁。”［《在云南考察工作时的讲话》（2015年1月19日—21日），《人民日报》2015年1月22日。］“中华文明根植于农耕文明。从中国特色的农事节气，到大道自然、天人合一的生态伦理；从各具特色的宅院村落，到巧夺天工的农业景观；从乡土气息的节庆活动，到丰富多彩的民间艺术；从耕读传家、父慈子孝的祖传家训，到邻里守望、诚信重礼的乡风民俗，等等，都是中华文化的鲜明标签，都承载着华夏文明生生不息的基因密码，彰显着中华民族的思想智慧和精神追求。”［《走中国特色社会主义乡村振兴道路》（2017年12月28日）；《论坚持全面深化改革》，中央文献出版社2018年版，第406页。]

党的十八大以来的一个重大理论贡献就是搞清楚了中国现代化的含义，即中国的现代化并非西方化，而是中国传统本身的现代化。在理解现代化方面，近代以来我们是具有深刻教训的。五四运动之后的很多人都简单地把现代化理解成为西方化，甚至是全盘西化，因此简单地照抄照搬西方制度，但各种努力都失败了。中国共产党是马克思主义的信仰者，马克思主义中国化之后，中国共产党才走上了成功的道路。马克思主义都要中国化，那就根本不用说其他西方的主义了。我们谦虚地学习世界上一切好的经验实践，但绝不是照抄照搬。鞋合不合适，只有穿鞋的人才知道。

我自己的体会，这种认识也反映在乡村振兴上。习近平总书记的这些论述远远不仅是政策上的指引，而是代表着在经历了数十年快速城市化之后对乡村的一种哲学思考。尽管这些论述具有很大的政策指引成分，但主要还是对乡村的哲学认识。大家对乡村的认识水平还是要提高一点高度。因此，我们也需要对过去的农耕文明进行一些哲学上的思考。思考清楚以后，我们才有可能制定有效的政策。

二、理论思考

第二个层面就是理论的思考。其中，又可以分成几个方面，要搞清楚几个方面的问题：政府、社会、经济这三者各自的组织体系以及它们之间的关系。以此为核心，深化理论思考，研究传统农耕文明的经济体系、社会体系、政府体系，探讨两方面的问题。第一，传统农耕文明的经济体系是什么样的？社会体系是什么样的？政治体系是什么样的？也就是经济治理、社会治理和政治治理它们各自怎么形成、运作和生存发展的？第二，传统农耕文明的政府和社会关系怎么处理？政府与经济关系是怎么处理的？社会跟经济关系是怎么处理的？我们要把两千多年的，尤其是明清以来的历史经验总结好。

大家可以去看看以前的研究，比如，萧公权对清朝中国乡村文明体系的研究，我认为直到今天依然非常有意思。例如，今天我们讨论农村的政府、村民自治、经济组织这三块的内容，也是我们几千年历史里所讨论的内容。尽管从传统到现代，乡村发生了巨大的变化，但为什么这三大结构没有发生变化？也就是说，我们可以从这三个方面入手来理解如何从传统走向现代的。这是一个乡村在大转型过程中的再生问题，我们要研究清楚，否则我们既不了解过去，也很难了解当下，更难理解未来。

所以我认为，在理论层面，我们要：第一，总结好我们数千年的历史经验；第二，把改革开放以来的中国共产党的“三农”理论梳理清楚；第三，要对习近平总书记关于农耕文明和乡村振兴的论述进行学理化的研究，做一个系统的理论梳理。

三、政策思考

第三个层面就是政策层面的思考。我们前面为什么要强调哲学思考、理论思考，是因为如果这两个层面思考不足，我们就很难做好政策思考。在政策层面，我觉得以下几个大问题可供大家讨论。

第一，必须回答一个关键问题：农耕文明的载体是谁呢？农耕文明这个载体是不是仅仅是农民呢？

我们要从世界范围尤其是西方的历程来回答农耕文明的载体是谁这一问题。从近代化开始以后，尽管近代化往往摧毁乡村社会，但为什么欧洲社会对农业、对农村、对农民那么强调？为什么欧洲社会从来没有把农村看成落后的象征，反而认为农村是传统价值观的载体呢？我们当下没有这样的思考。

近代以来，我们遇到一个重大问题。尽管中国有文字记载的文明一直是农耕文明，我们大多数的父辈也是农民，或者像我们自己一样刚刚从农民的身份转换成为城市身份，但我们已经觉得自己不是农民。我们想把农民的身份远远抛在身后，甚至有些人看不起和鄙视农民，把农村看成落后的象征，结果很自然也轻视了农耕文明所产生的价值体系。我想，抱这种态度的城市居民多得是。从一个角度来说，这种心情也是可以理解的。改革开放以前的计划经济时代，也就是邓小平所说的“贫穷社会主义”时代，农村是贫困的象征、落后的象征，那个时候大多数人的梦想是脱离农民的身份，甚至从城市下乡的知识青年都有“回城梦”。无论是农民想进城或者知青想回城在当时都是一个朴素的梦想。

我认为，几千年农耕文明的载体就是全体人民，而不仅仅是农民。放在今天也一样，农民是农耕文明载体的一部分，更重要的载体是城市居民，城市居民必须成为农耕文明的载体，否则回答不了农耕文明向何处去的问题。那么，如何使得城市居民成为农耕文明及其价值观的载体呢？我们需要思考。东亚农耕文明里面的日本、韩国、新加坡以及中国香港和中国台湾，它们既是城市化高度发展的经济体系，但同时也保留了传统价值观。我们要看看这些社会是如何让城市居民成为承担农耕文明的载体的。此外，越南也在快速实现现代化，但其儒家文明不仅没有消失，而且在强化。也就是说，我们既要总结自己的历史经验，也要看东亚其他儒家文明经济体的实践经验。

第二，我们要改革甚至要废止户口制。我们的城市化在某些方面是以牺牲乡村为代价的。在计划经济时代，第一波工业化是牺牲农村为代价的，户口制度、城乡二元对立是第一波工业化的结果。改革开放的第二波工业化也是这样，"农民工"成为一个特殊的概念，农民工是在城市工作但是没有城市居民身份的农民，他们几乎是城市化和城市建设的主体，但是他们享受不了城市化的利益。虽然现在有户口制度，但过去中国几千年是没有户口制度的。只是说新中国成立之后特殊历史条件下才产生了今天人们所见的户口制度。中国传统农业文明的人大部分都是生活在乡下的，过去的人没有今天这样的户口观念或者居住观念，只有阶层观念，即士农工商。阶层是劳动分工的概念，而不是户口的身份概念。而且，士农工商这四个阶层是开放的，尤其是士这个阶层成为通过科举考试而实现社会阶层流动的制度。新中国成立以后，因为国家主导的工业化等特殊的原因，才有户口这种身份制度的出现。在这些年里，光是珠三角每年就吸收了3000万农民工。尽管我们做了很多努力，但直到今天还没有解决户口制度所带来的问题。

我认为，"三农"现代化的实现首先要改变身份意识，农民、城市居民这个身份意识是不对的，因为无论是农村还是城市，都是居住场所的选择。当前，城乡分化问题很多是由于政策所致。城市居住的人与农村居住的人在身份上就有云泥之别，常常存在身份歧视。实际上，农民与大学教授两者之间只是社会分工的差异。农民是社会分工必要的一部分，人都需要吃饭、穿衣，你不能说生产衣服或者养猪的人就低人一等。我们当下社会身份意识太过，而社会分工的意识不足。农民身份也好、城市居民身份也好，不应该被户口限制住，以后，只有农村居民、城市居民这样的概念就可以了，而不是像现在需要用户口的制度来区分身份。我们已经对户口制度进行了多轮的地方性改革，但还缺乏全国统筹的改革，这个统筹的改革就是废除城乡身份制度。

第三，只有在废除身份制度的基础上，我们才能实现城乡双向流动。过去的几千年我们都是双向流动的，正因为双向流动，我们的农耕文明才能传承下来。“返乡”是中国数千年农耕文明的一个特色。传统社会数千年，乡村治理的主体是接受过儒家教育的儒生，或者绅士。他们是农村文化的主体或者载体。以前士农工商四个阶层，无论谁在哪里发了财，或者在哪里当了大官，最终还是要落叶归根，归根到自己以前出生的地方。甚至连移民到海外的中国人，也往往不忘他们出生或者曾经养育过他们的乡村。中国人即使到了海外，也存有“回乡梦”，期望落叶归根。现在看来，我们要实现城市居民返乡的中国梦并不难。户籍制度已经松动，也就是说，我们已经有了一半，即容许农民成为城市居民。我们所需要的是把后一半也做起来，即容许城市居民返乡，再次成为农民。这是中国传统的优势，流传了几千年。今天，农村面临一个巨大的困局，我个人把它称之为“资源单向流出性衰败”。农民大多外出进城打工成为农民工的主体，农民有了钱就到城里买房子，有了钱就把孩子送到城里面读书，留在农村的就只有那些没有能力进城的老人和小孩。农民的行为属于比较合理的，因为较之农村，城市拥有更多的资源，各个地方的优质资源都在城市了，我们有什么理由不让农民进城来享受这些优质资源呢？而且农民进城也是作为缩小城乡差异、实现共同富裕的必由之路。如何解决这个问题，需要我们深刻考量。如果仅仅靠国家和政府的投入，不足以实现农村的可持续发展。这些年来，在很多地方，政府投入很大，的确改变了农村的面貌，但一旦政府投入减少或者停止，那么农村就有可能再次回到旧貌。政府的投入可以延迟农民进城，但不能保证农民不再进入城市。

但另一方面，我们不要认为乡村会因此而消失。中国的城市化尤其是大城市化在继续进行，且会以非常快的速度进行。如果认为乡村总有一天会消失，或者认为随着城市化的进程乡村会变得越来越不重要，那么我们就没有必要坐在这里讨论乡村振兴的问题。但是，即使我们的城市化达到发达国家的水平，即达到70%的水平，我们仍然会有四五亿的人口生活在农村。无论从哪一个角度来看，乡村振兴怎么强调都不为过。农村对中国来说可能是个永恒的现象。从世界范围看，不仅仅在发达的西方国家，而且也在很多发展中国家，有一个普遍的现象：穷人的城市，富人的乡下。穷人选择居住在城市，既是因为城市有比较多的就业机会，也是因为希望享受到城市便利的交通，大家都居住在地铁站旁边，或者交通设施完备的地区附近；而富人自己就有能力解决交通问题，不需要这些基本条件，并且往往向往享受乡村的风光，所以他们可以住到乡下。我以前在普林斯顿大学读书，从普林斯顿到纽约要一个多小时，是一个非常偏僻的乡村，但那里居住着从纽约来的富翁。当时像我们一样的穷学生，或者打工仔都喜欢住在纽约这样的中心城市。因为体制上的原因，我们国家没有出现这种情况，但最终还是会往这个方向发展的。从欧洲国家的经验看，中上层的城市居民下乡是非常重要的，只有实现了城乡的双向流动，才能实现农村的可持续发展。我们要允许城市有条件的中产阶层进入乡村，尤其是中上层阶层下乡，去实践过去几千年的中国传统。进城是农民的中国梦，但像我们这样的城市居民返乡也是我们的中国梦。这样才能实现社会的均衡发展。或者说，通过城乡的双向流动实现城乡的可持续发展。

第四，如果要实现双向流动，土地制度必须改革，实现城乡一体化。我们的“百千万工程”不能是乡村的孤立振兴，而必须实现城乡一体化、城市化和工业化一起考虑。这是一个非常伟大的工程。土地制度的改革有几个主要目的：一是乡村土地的集约化。现在占据土地的人口很多，土地却非常分散，农民仅仅依靠传统农业的生产方式对农民个人的收入增加作用有限，无法通过在一块很小的土地上劳作来解决可持续发展的问题。二是农民一方面想进城，另一方面又不想放弃农村的土地。这个所谓的“私心”非常容易理解，其背后原因是城市具有不确定性。城市的社会保障没有做好，各种政策没有让农民真正融入城市生活中来。所以，我们在下一阶段的城市化过程中要考虑到进城农民的利益，不但要废除身份的限制，还要给他们统筹，城乡的统筹。当通过统筹解决了农民的社会保障、医疗、教育和住房等公共服务问题的时候，农民就是真正的城市化了。

在践行双向流动的时候，我们要鼓励广义上的社会资本进入农村。当下，人们看到的乡村振兴是来自那些企业家的资本，国有企业或者民营企业。我觉得，光有现在企业家的资本还不够，还要更强调、更关注那些分散的、庞大的城市中产群体。一方面，他们能够带来资本，并且他们的资本比较分散，不会造成几个企业家进入农村所带来的土地过度集中的情况。实现了城市居民的返乡梦，乡村能拥有必需和充足的资本，实现可持续发展。这一点在世界各个国家都可以观察到，因为只有城市中上层来到乡下，才能建起学校和医院，其他的基础设施也会跟上。如果不能引入社会资本，农村本身还是会衰败。

与此同时，他们的下乡也是一种文化下乡，可以解决农村文化短缺的严峻问题。农村现在的最大危机之一就是文化危机。以前提“精准扶贫”的时候，就提出扶贫要先扶志。但扶志怎么扶？发展就要扶志，但是现在农村可以说是文化衰败了。我们到江西、福建、浙江和华南地区看一看，这些地方的农村之所以得以发展，正是因为这些城市的中产群体最后回归到自己的老家，把文化“送”进了乡里。当下农村的流出问题不仅是资本的流出和人口的流出，因为农民来城市买房、送小孩到城市上学，城市中产下乡也是为了解决农村文化贫乏的问题。尽管现在农村人口越来越少，但一到农村，什么奇奇怪怪的东西都有，低俗文化盛行。我们必须意识到返乡是中国数千年农耕文明的特色，传统社会乡村治理的主体就是接受过儒家教育的儒生或绅士。过去几千年我们通过乡村绅士来解决文化贫乏的问题，那么现在城市人的下乡也是通过资本和文化的下乡来再造当代“乡村绅士”。传统上农村文化建设都是那部分回乡的人在引领的。但我们现在缺少这种“回流”的动力。很多地方都在恢复所谓的“乡贤制度”，但是乡贤制度同以前那种回归农村的模式是不可比拟的。当前所谓的乡贤制度就是大家回乡开一下会，待够两三天就回城了。这种流动的或者短暂居住的“乡贤”很难实现农耕文明的现代化。

城市文明是因为城市拥有城市居民这样一个文化载体。农村的盛衰不仅仅是经济上的，更是文化上的。我经常到农村去做调研，担心的不仅仅是物质上的事情，更是农村文化的匮乏。我觉得政府应当鼓励我们这样的人退休之后回乡。现在60多岁就退休了，如果容许回乡，这种回归不仅仅是资本下乡，更是文化下乡。应当允许城市的居民再回归到农村，如果容许城市居民回农村，逐渐就能形成规模效应。可以从试点开始。比如，有些地方已经在做一些促成城市居民回流农村的改革，每个城市居民回流到乡下，就能拉动几百万的资本下乡。这不仅是资本问题，更是文化问题。农村需要拥有良好的教育体系和健康的现代文化。通过城市居民回乡这样的方式可以实现可持续的乡村发展和建设。

因此，无论从哪个角度看，现在广东“百千万工程”不能光看经济上可持续发展的问题，还要看到农村作为制度体系的现代化问题，看到农民现代化的问题。我认为，农业、农村、农民的现代化刚好对应我之前一直在讨论的三个层面的现代化问题，即物质层面、制度层面和人的层面的现代化。从世界范围看，成功的现代化都是三个层面同步、协调发展的现代化，而不成功的现代化都是单方面、单向面的现代化。如果物质现代化了但制度现代化跟不上，或者如果人现代化了但物质现代化跟不上，那么都会导致失败。

农业的现代化可以对应物质的现代化，这不仅需要拓展农业现代化本身的含义、目标和手段，还需要把农业现代化和城市化结合起来，实现农村和城市资源要素的双向循环，改变目前的资源从农村到城市的单向流动。制度层面的现代化就是农村治理制度的现代化的问题，包括城乡双向流动制度。它是介于物质层面和人的层面的现代化中间非常重要的变量，或者说是最重要的变量。制度现代化指的是哪种制度能更快地推进物质的现代化、哪种制度更能推进人的现代化、哪种制度更能协调物质的现代化和人的现代化之间的关系。物质的现代化和人的现代化里面，有相向而行的方面，但也有矛盾的方面，要靠制度来协调物质的现代化和人的现代化。在“三农”现代化中，制度层面的现代化要深化县镇村治理体制的改革，使其不仅适应农村的现实情况，更要引领“三农”现代化。这要求我们要建立健全省级统筹、市负主责、县镇村抓落实的工作机制。举例来说，从农业生产的角度来看，实现把县的优势、镇的特点、村的资源更好地统筹起来，有助于避免一窝蜂地生产某种流行的产品，避免过度生产造成的恶性竞争。而人的层面的现代化就是文化、社会生活的现代化。要通过体制改革不仅留得住农村能人，更能吸引城市中产阶级入村，带来财富和文化，改变农村的文化短板。中国农耕文明数千年，农村是农耕文明的载体，要将历史中积淀下来的优秀的农耕文化恢复起来，守住乡村文化根脉。农村的现代化并非要丢掉农耕文明，而是要促成农耕文明的现代化。

概括地说，“百千万工程”项目很重要，广东不仅要继续学习其他省份的经验，更需要总结好“百千万工程”的经验，使之可推广、可辐射、可复制，引领国家的“三农”现代化和高质量发展，我们要进行多层面的思考，才能真正地把这个伟大的工程做好。我个人觉得乡村的全面振兴是中华民族伟大复兴过程中非常重要的一环。我希望通过今天这样的论坛，把这个问题的各个层面思考清楚，这样才能推出有效的政策，真正把中国农村作为中国文明复兴的一个有机部分来振兴。

温铁军

中国式现代化与新型县域经济

主讲人简介

温铁军，著名“三农”问题专家，二级教授，中国人民大学农业与农村发展学院原院长，曾任国家环境咨询委员会委员、国家粮食安全专家委员、国家发改委新型城镇化专家委员，担任过多个国家级项目首席专家，享受国务院特殊津贴专家。研究领域包括发展中国家比较研究、乡村治理、农村金融、生态资源价值实现等。代表著作为《八次危机：中国的真实经验（1949—2009）》《“三农”问题与制度变迁》《解构现代化：温铁军演讲录》等。

白天一，温铁军在暨南大学经济学院指导的博士研究生，承担本文的文字整理。

今天很高兴能有机会来到乡村振兴大家谈沙龙和大家分享中国式现代化与新型县域经济的话题。从学术的角度来讲，我的研究还不是很成熟，请大家批评指正。

一、县域经济的历史脉络

在讨论县域之前先提一个问题，请问河阴县和河阳县、山阴县和山阳县，哪个在南，哪个在北？相信有同学很快就能回答出来。不过，大家是不是都有一样的感觉，县域的概念本来对应的应该是一个地理单元，以自然地理作为分界的行政区划，比如山阳就是在山南边，河阳却是在河北边，遵循这个地理原则形成界线。那么，现在为什么强调县域经济呢？我们在进入发展主义的激进大潮之前，有没有今天大家讨论的县域经济呢？

大家都知道郡县制。自秦设郡县、汉承秦制以来，两千多年郡县都是基本的行政单位。由此，就涉及治理的问题。先是国家治理，接下来就是县域治理，为什么不曾听说过省域治理？那么，为什么在乡村振兴这类文件里经常提到县？也许因为自古以来都说“皇权不下县”，因为国家治理到基层的行政单位就是县。可见，我们要理解今天的县域经济，就需要从地理单元内涵的资源禀赋来解读经济区划、从国家治理的角度来解读县域治理。

现在的政策讨论中，县域概念很重要，这是从政策文件的角度来理解的。那么，什么时候开始强调县域是一个经济单元，并且在国家政策上具有相当重要的地位？实际上是在1985年前后。这种重要性是在什么情况下产生的呢？直接影响因素是1984年推出了一项很重要的改革，叫财政分级承包。但是，如果从学术角度去讨论，这个单一时间节点仍然是有一定问题的。人们会问，难道仅这个事件就造成了后来的县域经济吗？但是，请暂且允许我将它作为一个分界时点，结合有关事件来做解释，为什么县域经济是这个时候出现的。

县域经济作为大家广泛关注的、在中国经济发展中作为重要角色的起点，还不能过于简单地根据中央文件是否有这个提法而确定。比如，大家说我是“三农”专家，难道我是第一个提“三农”的吗？当然不是，过去也能找到各种各样提法和讨论。但是，把“‘三农’问题重中之重”作为一个国家战略的重要概念，总是有一个具体的时间点的。我们在做具体研究的时候，往往会遇到一个困惑，就是找不到研究的起点。而要做研究，就要把建立理论的起点放在客观经验起点之上，然后演化出对经验的解释逻辑，再上升到理论高度。如果经验起点选择错了，那么后面的整个理论研究就是错的。

为什么说1984年是当代县域经济讨论的起点呢？

客观上在这之前我们不以县作为经济单位，其实有很长的一段时间，主要是因为我们没有形成县域产业的基本条件。

1970年，基辛格访华之前，我们是外在于西方两霸主导的世界工业化体系的，虽然当时国际关系领域也做出了一个重大创新，就是毛泽东提出“三个世界”理论。中国作为一个发展中最大国家，相对占有一定的全球领导地位。但毕竟当时在两个霸权国家彼此对抗的时候，中国不得不两线作战，面临着相对不利的情况。先是1950年朝鲜战争，我们是被美国带领西方全面封锁；后是1960年中苏两国交恶，苏联把所有的援助都撤走……我们曾经在20世纪60年代经历了两大霸权国家分割控制世界、中国对外经济贸易关系几乎全部中断的困难时期。因此有过10年“自力更生、艰苦奋斗”的客观过程，实际上没有任何源于外部的资本、技术能够借助，进入了一个彻底靠自力更生的时期。美苏争霸造成“一个世界两个体系”，但两国先后都在20世纪50年代和60年代对中国进行了封锁。由于那个时候没有任何外部输入的资本、技术等工业化的关键要素，中国极度稀缺的产业资本只能集中在少数工业城市，很难对县域经济做溢出扩散。只在城市设备工业产品需要接收单位时，才按计划形成县域“五小工业”来对接。所以那个时候县域并不构成谈判能力。在工业化早期资本极度稀缺的条件下，只有形成一定的谈判能力，才能够在经济布局中占有一席之地。事实上，在全党全国集中全力应对外部巨变的情况下，国内不存在个人、单位的独立发展空间。

20世纪70年代，中美关系缓和，虽然美国仍然限制高技术和军事技术向中国出口，但是一般的制造业产品开始对华出口。中国在这个阶段以举国之力集中引入西方的关键设备和关键技术，改造本国偏军重的工业结构和农轻重比例失调的经济结构。这是包括县域在内的区域经济形成的前提。据此再度强调，还是要把研究的经验起点找到，才能建立理论逻辑。

那么县域经济的经验起点是什么？这与中国对西方关键设备和关键技术的引进有关。

和世界上大多数发展中国家一样，中国在工业化初期首当其冲面临资本绝对稀缺的挑战。我们的实际经验是借助集体化从农业提取成规模的剩余，形成工业化的资本原始积累条件。但土改之后土地高度分散，形成规模剩余要经过一个相当长的阶段。因此通过把合作化升级为集体化来形成规模化的农业剩余，用于工业化的资本原始积累。海内外对我国农业集体化的批判，主要是从纯农业角度来说的；但若从国民经济的宏观角度来看，中国人民大学农经系的严瑞珍教授很早就做过测算，中国工业化到改革之年形成9800亿元资产，其中有7000多亿元来自农业积累。当然，也有学者做了分类，有些是通过剪刀差形成的，有些则是直接占有土地获取增值收益。把这个提取农业剩余的过程讲清楚就知道这样的经济社会结构，工业集中在城市，城市扩张相当于从农村占有土地要素增值收益，还通过剪刀差工业从农业获取剩余，因此城乡二元结构条件下也没有县域经济形成的条件。

国家工业化进展到20世纪70年代开始引进西方的资本和技术，比50年代引进苏联的资本和技术的成本高得多，大多数发展中国家都会在引进西方的设备和技术后进入对西方负债的过程。20世纪70年代以来，西方成为债权国，我们跟多数后发国家一样成为债务国。此后40多年弹指一挥间，现在我们成为债权国，西方成为债务国。但是，我们今天能否像当年西方要求我们改制那样要求他们接受我们的制度？[①]自1987年起中国承接世界银行对农村改革的“制度调整贷款”，遂被要求做出适应西方的制度体系调整。自然科学实验是在实验室做的，而人文社会科学试验则在广阔天地。我们在农村制度试验的结果是不能证明西方的制

① 我们没有要求西方改制，但西方对华贷款则以制度改革为条件。例如，作为20世纪80年代中央政策调研的参与者之一，我们曾经按照世界银行的要求对中国农村改革试验区做过项目调整。

度体系在中国乡村可以有适应性，于是在理论家群体中引发了争论。今天，人们认识到西方理论对于中国现实缺乏解释力，这也是中央强调“大兴调查研究之风”的原因。

那段时间我们之所以接受西方的制度要求，部分是因为高负债，我们从70年代开始进入新中国第二次对外负债，导致财政压力增加，于1979年开始放开那些能够出口创汇的领域。那里能生产茶叶、生猪、编织、刺绣等农村产品，并且能形成一定商品量。但是茶叶这类产品都是在黄河以南一定地域的自然地理气候条件下形成的优质产品。当时出口创汇的80%来自农产品或者以农产品为原料的出口加工制品。由于70年代末我们面临较大的还债压力，1979年中央提出了“双轨制”，促进了一部分地方增加出口创汇，由此形成地方经济一定的竞争性。原来在国家财政统收统支阶段，县域经济不具备独立竞争性发展的条件，搞“双轨制”以后，一些能够出口创汇的地区得到原材物料、资金、外汇留成指标，这些得到本地化的资本形成条件的地区，也就有了打造县域经济的基本条件。在80年代初期进入高负债阶段的压力之下，国家为了加快还外债，形成了以不同地方农业类的产业特色为内涵的县域经济，这个算是起点之一。

二、早期县域经济的形成

这个阶段还推行“休养生息”，进口了部分生活物资和紧俏消费品，但内外债务压力也越来越大。领导人制定了对外引资的长期方案，但各地的老一代领导人纷纷复职大干快上，不到两年就完成了8年的外资指标。引进的是化肥、冰箱、洗衣机和电视机等生产线，这些给有自留外汇和资金配套的城市，就易于变成发达地区。只要有了可以对接市场紧缺而迅速变现的民生工业，接着就成为第二波消费浪潮刚刚兴起的必需品。20世纪80—90年代结婚没有彩电、冰箱、洗衣机就不行。其实那是半奢侈半必需的消费品。同期，中国的产业结构调整随消费升级而来，能够有这类产业升级的机会收益的地方，就有了超前发展的新动能，意味着县域经济竞争开始形成了。

可见，中国县域经济产生于国家“化危为机”的政策调整——由于中央政府的外债负担转化的财政赤字增加，中央财政无力应付全国统收统支覆盖到每个人的开支，是财政赤字危机爆发引起为了偿付外债需求而推出的“双轨制”。得到外汇留成和计划外资金等政策支持的地方在为国家增加创汇的同时有了自主发展条件，于是，在国家工业布局最密集的地方——沿长江经济带[①]开始转向生产彩电、冰箱、洗衣机，主要工业城市的低端产业开始向周边转移。

凡是当时沿海的农村工副业比较发达、有较多经济剩余的地方，例如胶东、苏南、浙北，还有广东“四小虎”（广州周围的佛山、南海、顺德、中山）就成为早期县域经济的典型。

从浙南到粤东的东南沿海本来是对台前沿地带，是准备打仗的，国家工业不做布局。所以当时只有宁波以北和广州以西有国家工业布局。当然，大城市郊区的一些地方，过去农村工副业比较发达，农产品有剩余。在县域经济初期能够自主地把农产品和

① 现在随着国内产业结构调整提升，以消费品为主的民生工业大量转移，形成从浙南到珠三角的南方经济带。

城市的工业品交换，带动城市工业生产的部分劳动力密集的低端部门向乡村扩散，成为县域经济的基础。之所以早期县域经济靠集体经济，是因为当时的情况下，不是集体换不来工业对乡村的扩散，当年广东的体制是乡镇下设管理区，是有行政职能的，能够有效地集中周边各个经济社的资源跟城里交换，还有土地处置权。后来管理区改为今天的行政村。行政村没有那么多资源和土地，要发展工副业就得和设在自然村一级的经济社（也叫小队）作交换，在这个乡村内部的地权交易过程中，就形成了广东“以土地为中心的社区股份合作制”，大队（行政村）把自己的工业生产资料做股，小队把自己的土地资产做股，上下交换持股，就是股份合作制。

如果寻源上溯，都能找到当时发生制度改革的内在原因。

综上所述，20世纪80年代初期财政严重赤字压力下，中央政府通过“双轨制”扩大再生产，在此背景下，各地经济已经逐渐形成特色，也开始有了城市工业向周边乡村转移。于是，国家推出了一系列的政策，1984年的财政分级承包（调动地方政府当家理财的积极性）是其中一个，恰恰也是讨论县域经济的一个重要起点，因为以县为单位的地方财政有了自主权。完成基数后的那部分收入就是地方政府的，各地就有了创收积极性，于是形成了以县为单位的“府际”竞争。很快，80年代后期就出现了所谓的百强县排行。开始入榜的不是今天的珠三角，而是当时广州周边的四个县区单位——广东“四小虎”。其他地方也比较集中，全国百强县后来有一半左右集中在环太湖流域，因为是长江经济带，城市工业经济对周边地区的扩散形成了有竞争力的工业县，于是就有了以接受城市产业扩散为主的苏南模式。后来广东模式才主要是珠三角。

要注意第二个重要现象——所谓的强县和弱县。

我们当时所谓县域经济，能够参加到百强县竞争行列的，主要集中在东部沿海的四个片，从北往南是辽东片（沈大线，大连到沈阳的国家工业带的工业对乡村的扩散）、胶东片（烟台—潍坊—青岛的三角地带的城市工业扩散形成了胶东片）、苏南片（沿长江经济带工业城市对周边县区的扩散，形成了百强县竞争最集中的片区）、浙北片（宁波—杭州，也是国家工业对乡村的扩散）。

归纳这些经验可以认为，80年代中后期形成的县域经济，实质源于更早期的国家资本的积累完成后的产业空间扩张，带动了县域经济的发展。问题是，为什么这东部沿海四片区依靠工业化发展起来就算是县域经济的第一个阶段了呢？

因为，这四个片区县域经济初期阶段有很重要的制度性特点——集体经济：

其一，农村集体经济接受了城市产业资本的空间扩散。

其二，只有集体经济才能自主地处理村域的资源要素。所谓生产力三要素（土地、劳动力、资金）在村集体享有所有权的制度条件下，都有“比较优势”。具体操作方式是，资金要素是自己的，农村集体经济账户上一般有资金剩余；劳动力要素，农民自己的劳动力，可以最低成本投入村内工业生产；土地要素，那时候乡村占用自己的土地办工副业不需要国家批准，当年没有这套法律。农民从农业用地转向工业用地形成的超额地租，农业劳动力从农业转向工业，形成了超额劳动剩余都弱化了“资本原始积累”的剥削程度。农民进乡镇企业，被说成是“洗脚上田进厂做工”，但务工农民回原生产队计分的制度使其并不得到因分工而形成的差异化收入，甚至务工农民的收入还略低于下田的！因为去社队企业务工的还有车间，而下田劳动的条件更艰苦。农村社队企业可以直接把三要素超额收益用于农村工业化的扩大再生产。在当时，国家工业增加值的54%是县以下的农村工业化形成的。

其三，农民福利水平自主提高。一是乡村的非农就业人数超过了城市中的国有企业，到20世纪90年代中期乡镇企业大规模停产倒闭之前吸纳就业超过1.2亿人。二是农村自主解决社会发展与福利问题，当时小学、幼儿园、敬老院等公共设施大部分是农村集体自己的投入。同时，这也带来了一个很重要的改变，农村就地城镇化，县以下建制镇从1978年的1800多个发展，到1995年达2万多个，增长了10倍多。

以上是县域经济的第一个阶段，赤字压力下1979年“双轨制”发展社队工业，加上1984年财政分级承包，催生了县域农村工业化+城镇化，是开放促改革以来第一次典型的内需拉动增长，但也是有关改革的理论研究中长期被忽视的中国特色发展经验。

理论界从来强调内需拉动的增长发生在20世纪80年代乡镇企业大发展带动的县以下城镇化。乡村发展作为内需主体把已经衰退的城市国有经济也带动起来了。为什么呢？因为农民人均纯收入连续四年增长速度快于城市，城乡差别迅速缩小到2.6：1。这都是积极的成果，也恰恰是中国县域经济良性增长的阶段，工农差别和城乡差距迅速缩小，使县域经济引起重视，在差不多十年的时间里成为中国经济增长的重要动力。可以把此阶段称为“老县域经济”。

那是什么时候县域经济退化甚至衰败了呢？90年代中后期数以千万计的乡镇企业倒闭破产。一方面是国内“滞胀危机”发作——1988年“物价闯关”失败发生恶性通胀，CPI高达18.6%；官方疾速调高利率虽然压住了“挤兑”，但过高利率使实体经济无力承受，遂有“三角债”引起1989年生产停滞危机爆发。另一方面是1989年美国带领西方全面制裁中国，除了推进中国制度转轨和反贫困的贷款，其他用于发展的外资全部撤出，正在加快开放、借助外资缓解资本稀缺困境的中国工业化遭遇“资本绝对稀缺”。

在这两个方面综合作用下，1990年中国经济进入大萧条，连续四年农民人均收入增长速度为负，与之前的80年代连续四年农民人均收入增长超过城市的情况势呈对立，在这种内需陡降的情况下，中国整体上进入了衰退期，接近于西方1929—1933年的大危机和大萧条。这也是导致1992年非经济刺激虽在1993年出现短暂高涨，但1994年再度爆发CPI高达24.1%的恶性通胀，加之财政赤字、贸易逆差等的宏观经济危机，派生了1994年以“三年软着陆”为名的一系列包括“金融紧缩”“分税制”“外汇并轨”等顺周期重大调整。由此，对以农村工业化为主导的县域经济构成了巨大的冲击。这个阶段的宏观调控，对理论上讨论的农村乡镇企业的股份制改造、乡镇企业倒闭等等，客观上起到决定性作用。[①]国民经济从此全面进入衰退期，与城市国企40万家“抓大

① 地方政府高负债压力下推进农村股改，任何有经营能力的人只要愿意把债背了，企业可以1块钱转让……

放小”破产倒闭同一个时期，2000多万家乡镇企业停产歇业，农民工开始大规模流出乡村，县域经济由此进入低潮。

三、新县域经济

县域经济是什么时候又第二次兴起了呢？中央确定“‘三农’问题重中之重”后。

“三农”是问题，怎么解决呢？还是宏观政策调整。一是休养生息，主要是2004年提出农民免税，2006年把农民负担归零。二是县域农村的各项开支中央管，此前是县级承担“三农”责任，2005年中央明确“三农”开支的责任是中央财政承担；中央财政负责农民的教育、医疗、养老等开支，以及农村的基本建设开支。从此农民有了真正的国民待遇，不是城市财政支付的那种市民待遇。①

2004年，中共十六届三中全会确立内需拉动增长的“科学发展观”。接着在2005年，党中央对国家“十一五”规划提出指导性意见，明确强调了新型县域经济，要求把“中小企业和城镇化”作为县域经济的两个支柱。这实际上是20世纪80年代曾经成功拉动内需的“乡镇企业+城镇化”的复兴。据此认为，这是开启县域经济的第二阶段。

在2005年提出新型县域经济之前10年，政策界从1995年起就有一场讨论及其随后开展的多部门合作研究，到底怎么推进

---

① 中央于1994年确立“分税制”，建立了国税和地税两个税务局；当年中央税收占比不到三成，两年后中央税收与地方各占一半。中央财力显著增加才有2005年免除农业税以后中央财政承担县以下农村开支的条件。

城市化？这个政策讨论延续10年后，中央明确接受“城镇化战略”——“我们是要加快城市化，但中国的城市化要靠城镇化来实现”。这里有一个小问题，城镇化怎么翻译？各类文献都译成urbanization（城市化），因为英文中没有对应词汇。但这显然是错的，城市化是把国家资本集中在城市，对乡村带动作用非常有限。而中国的城镇化却是20世纪80年代由乡村工业化带动而成的，是县以下城镇化崛起带动了县域经济，形成内需拉动增长，并不是县以上的城市化。

可以对应的是国家“十一五”规划，把“新农村建设”作为八大战略之首，针对“三农”问题强调新型县域经济。这意味着中央确立了新农村建设的战略内涵，就是试图再现80年代县域经济的辉煌。当时中央的政策思想很清楚，说：过去是工业化初期阶段，我们是农业支援工业，农村支援城市；现在已经到了工业化的中期阶段，那就应该两个反哺——工业反哺农业，城市反哺乡村。当时推出“两个反哺”的思想，演化成新农村建设的国家战略，新型县域经济由此成为国家发展的重大战略。

只是，县域经济外部条件发生巨变。“旧的矛盾尚未解决，新的矛盾便又发生”……

一般人都会说，2001年中国加入WTO（世界贸易组织）迎来了融入全球化的新机遇。但实际上却是2001年美国先后爆发“IT泡沫”崩溃为主的“新经济危机”，以及“9·11事件”代表的政治危机；迫使其产业资本大量流向中国，演化出2002年以后以跨国公司为主的“大进大出”带动的东部沿海和大城市为载体的外向型经济，既促使外需拉动中国GDP高增长，又以巨额贸易顺差促进本币大量对冲增发，短期即形成中国金融资本总量陡然增加，很快演变出内外连接的“利益结构固化的藩篱”。

在这类实际情况刺激东部和中部各地政府加速外资推进GDP增长的大趋势下，各地的“府际竞争”直接变成吸引外资竞争，地方政府大都以“0地价”向外商转让资源，形成产业资本麇集于城市带的高污染发展模式。中国由此以“稀缺资源短期变现”叠加“环境透支”而告别资本稀缺阶段，进入具有一般意义的资本过剩阶段。

中国沿海沿江地区全面转向“加工贸易的外向型经济”，使中国部分地深度融入全球化——那些原本产业基础有利于配套外向型经济的地方，或者能够大量吸纳外来劳动力贡献其剩余的地方，都成为“外需拉动增长的县域经济第二阶段”的典型；而广大内陆和农村地区则难以阻遏资源和人口外流，区域、城乡、贫富等三大差别明显拉大。

同理，由于深度融入全球化，致使“输入型通胀”和“输入型通缩”相继发生，这也成为一般国内宏观调控难以应对的全球化挑战。

四、未来的新型县域经济

2020年国家“十四五”规划再提新型县域经济，作为中国农村实现现代化的一个重要战略步骤。这又是什么背景呢？中央再提新型县域经济，应该说是转向“国内大循环为主体的双循环战略”这个全新战略环境下的应对之策。因为中小企业发展面临的大难题是全球过剩。今天，全世界出现了生产过剩、贸易过剩、资本过剩。实体经济过剩演化为金融危机是难以避免的。起因是美国2008年金融危机爆发，美国凭借世界第一大金融霸权国的地位推出“超级量化宽松”（QE）政策，大规模印钞。60%以上印出来的钞票流出美国，进入大宗商品市场，把石油价格炒翻了四倍半，粮食价格炒翻了两倍，把铁矿石价格炒翻了三倍，然后就是所谓的“收割”。金融霸权国家可以利用美元“潮汐”，先发起输入型通货膨胀——我们国内政策无法调节来自美西方全面量化宽松造成的输入型通胀；接着美国2014年停了量化宽松，全球大宗商品从通胀陡然转为通缩，我国接着遭遇输入型通缩造成的资本经济萎缩和资产价格下跌等问题。国内维持低利率支撑实体经济，投资人就想方设法洗钱“润出去”追求美西方暴力加息的高利率……

这种情况下，如何看待中国面临的经济调整？应该靠什么手段来形成中国应对全球过剩大危机的力量？一般都会说发展实体经济，但是，生产过剩条件下，哪个实体经济能获得发展空间？输入型通胀条件下，哪类实体经济能扛得住原材物料价格暴涨？有些人真的没有放眼世界，不去了解世界发生了什么，没有这些对外部因素的分析，纯看国内因素，往往就容易被人家带节奏。

在这种情况下，不能简单搬用过去有效的经验。相比而言，20世纪80年代我们资本严重短缺、生产不足，有巨大的空间让县域经济，特别是乡镇企业通过集体内部化机制缓解外部性的方式获得发展空间，但是90年代以来的制度改变已经把这个空间挤掉了，乡村资源被外部资本集团占有，使得集体内部化机制几乎没有发挥作用的条件。不可能再继续按照过去的老路走，不信去看看那些县级和镇级的开发区，能活着的企业还有几家？

过去的老路走不通，但各地的新型县域经济仍然把已经很严重亏损的财政拿去补贴招商引资。在过剩条件下，要把产业从别人那掐过来，恶性竞争怎么会有新型县域经济的发展？比如县域房地产，在有限的地面上大量盖起高楼，却遭遇县域人口净流出，基本上是在任领导提官之后留一屁股债。各地之所以还在发展房地产，为的是征地，然后用土地抵押贷款，从银行得到地价70%的资金来把旧债的利息还上，然后请银行把旧债转成新债，概括四个字：以地托债。遂使地方的债务雪球越来越大。

在这种情况下谈新型县域经济，需按照新方针做战略性调整。

党的二十大提出的中国式现代化五大特征，县域经济最值得关注的是人与自然和谐共生。据此看新型县域经济，应该是奠基于生态化才行。新型县域经济的发展源泉是“两山”，绿水青山就是金山银山。例如，广东乡村振兴要抓粤西粤北山区海拔600米以上的凉气候带。如果组织研究团队把凉气候带的植物和动物资源搞清楚，县级领导都熟悉本地的山有多高、水有多长、自然资源地理气候条件怎么样，那就有利于将来县域经济朝向生命价值产业发展。

要求新的产业要留在县域，所依存的生产力要素不再单纯是传统的土地、劳动力、资金，而是空间生态资源。例如，可以把山沟里的稻田与湿地游学结合，搞成多元共生立体循环的稻作农业，比如稻鱼、稻鸭、稻蟹、稻虾、稻鸡；加上稻田湿地萤火虫就是晚上的景观。再如，越是深山区，尤其周边都是山的山村，原住民的人口大都离开了，这种深山区周围居民点的光污染都被山挡住了，满天星斗用肉眼就能看得清楚。那就是最佳观星民宿点。把房顶做成玻璃的，窗帘一拉开，躺在床上看星星。星空民宿一晚就可以卖四五百块钱。

新型县域经济的“新”，“新”在习近平总书记的“两山”思想。它所要求的制度改革，不再是过去的那种简单粗放型的增长制度，因为“山水田林湖草沙是生命共同体”，不能治山只管治山，治水只管治水，那样做生态系统就破坏了，所以，一定要全方位、全地域、全过程，“三全”开发。怎么“三全”？中央提出新型县域经济要县乡村三级规划统筹，多部门管理条件下则需多规合一。

用这整个体系来回到一开始所说的山阴山阳。用所处的资源地的环境到底怎样，自然资源在县内到底有没有比较优势，这些决定你的规划到底朝哪里发展。例如，陕西的一个县，风电公司要在山脊上建风电塔，被县委书记拒绝，因为破坏了山区景观的“天地整体性”。一眼望去重峦叠嶂，天高林阔，那是自然景观；如果一眼望去山脊上都是风电塔，那就没有天际线！接着，这个县政府借助脱贫攻坚直接对乡村做重资产投资，资产代持者是村集体，但村集体不能承担全部投资风险，由国家的平台公司承担大部分风险，这样村集体才能带动农户参与经营。有些村集体经济的失败，是因为没有承担风险的能力，更遑论农户。农户只能以劳动投入国家形成的经营性资产，才能零风险获得国家的重资产投资的风险收益。这就是县域经济第三阶段中央要求的“把产业留在县域，让农民分享产业县域化的收益”。

综上所述，怎么把各种空间生态资源，用乡村深改来形成县域经济的新经济内涵？怎么把总书记的“两山”理论落实在县域经济第三阶段的实践当中，怎么把人与自然和谐共生的和平发展方式，通过“生态产业化”和“产业生态化”来变成新型县域经济的产业主导方向？这些才是我们应该深入讨论的内容。

迟福林

广东争做我国人口城镇化的排头兵

主讲人简介

迟福林，中国（海南）改革发展研究院院长、研究员、博士生导师。第十一届、十二届全国政协委员。享受国务院特殊津贴专家，曾获得全国“五个一工程”、孙冶方经济科学论文奖、中国发展研究奖、全国杰出专业技术人才荣誉称号等多项荣誉，入选“影响新中国60年经济建设的100位经济学家”、《20世纪中国知名科学家学术成就概览（经济学卷）》。

大家好，今天我来给大家分享人口城镇化的议题。大家有没有想过这个问题：目前我国城市人口已经9亿多了，而且生活成本也越来越高，但国家为何还要继续扩大城镇化水平？

2022年，我国常住人口城镇化率达到65.2%，目前我国还处于城镇化快速发展时期。这里我们先解释一下，所谓城镇化就是农村人口向城镇转移，第二、三产业不断向城镇聚集，从而增加城镇的数量，扩大城镇规模的一个过程。

从根本上来说，城镇化是最大的内需所在。所谓内需就是消费和投资，而这两部分的最大增量都来自城镇化的进程。数据显示，2021年城镇居民人均可支配收入为4.93万元，增长3.9%；农村居民人均可支配收入2.01万元，增长6.3%。尽管农村居民收入增长幅度高于城镇居民，但城镇居民人均可支配收入依然是农村的2.45倍。城镇化可以让更多农民进入城市，使城镇消费群体不断聚集扩大，最终形成一个巨大的交易网络，创造出更多的服务业岗位。据测算，城镇化率年均每提高一个百分点，就意味着每年有1400万人要进城，相当于每年要增加一个深圳。同时，随着城镇人口的增加也会带来公共服务需求的增长，就会带动城市基建、住房等投资需求。消费与投资正是拉动一国经济的重要动力。

对比国外，现在很多发达国家的城镇化已达到80%以上，以美国为例，截至2021年美国城镇化率约为83%，消费和投资占GDP比重约为83%和21%。而美国的农民仅占2%，也就是600多万人每年生产的粮食超4亿吨，甚至成了全球最大粮食出口国。而我国农民占比约为41%，也就是接近5亿人，每年生产6亿多吨粮食。美国农民少但生产粮食更多，这得益于农业现代化，机械化程度高。我国也在推进农业现代化，未来农民也会缩减，更多的人还是要进入城市谋发展。

结合加快城镇化对经济发展的作用，以及国内外的发展水平对比来看，我国的城镇化率至少要达到75%，才能算基本完成。目前我国的发展潜力和空间还是很大的，因此我国仍要继续扩大城镇化水平，甚至还要加快速度。由此我们可以判断出，城镇化是中国式现代化进程的必由之路。

2023年是改革开放45周年。改革开放45年来，广东在扩大开放上敢为人先，坚持以开放促改革、促发展，在探索推进中国式现代化中取得了重大成就。改革开放之初，广东的经济总量低于上海、江苏、山东等省份；到1998年超越新加坡、2003年超过中国香港、2007年超过中国台湾；到2021年达到12.44万亿元，并连续33年经济总量居全国第一位。广东作为我国改革开放的排头兵，建设人口规模巨大的现代化，需要在人口城镇化的政策体制创新上破题发力。这里，我以《广东争做我国人口城镇化的排头兵》为题提出以下几个观点，与大家讨论。

一、城镇化是广东争做中国式现代化建设排头兵的重大任务

（一）经过40多年的改革开放，广东在城镇化上走在全国前列

城镇化作为广东现代化进程的重大战略，对促进广东经济

快速发展具有重要作用。随着工业化进程加快，广东城镇化进程加快推进。数据显示，1982—2022年，广东常住人口城镇化率由17.94%提升至74.79%，年均提升1.42个百分点，进入城镇化发展成熟期，在全国处于第四位。“十三五”时期，广东省顺利完成推进新型城镇化战略各项目标任务，城镇化水平和质量显著提升，2020年全省常住人口城镇化率达74.15%，为全面建成小康社会提供了有力支撑。

与此同时，大城市加快发展，广东拥有广州、深圳、佛山、东莞四个万亿级城市，2022年大湾区经济总量达到13.04万亿元。广东城镇化发展格局也正在不断优化，珠三角城市群向世界级城市群全面迈进，一体化水平、集聚度和辐射能力进一步提升，2020年经济总量达8.95万亿元，占全省地区生产总值的80.83%。都市圈同城化建设步伐加快，广州、深圳等都市圈规划同步推进，广州、深圳推进“双城”联动，广佛全域同城化深入实施。城市发展能级不断提升，珠海、汕头、湛江加快建设省域副中心城市，85%以上的地级市中心城区人口规模突破百万。惠州市博罗县、江门市台山市等10个县（市）被纳入国家县城建设示范地区。

此外，广东农业转移人口市民化稳步推进。广东取消了城区常住人口300万人以下城市落户限制，所有地市全面放开放宽重点群体落户限制，对农村籍高校学生实行户口迁移“来去自由”政策，“十三五”期间，累计实现1330.4万人在城市落户。基本实现居住证非户籍常住人口全覆盖，居住证持有人享有的基本公共服务和便利措施不断拓展。到2020年，异地务工随迁子女在公办义务教育学校就读比例超过69.5%，全省常住人口社保卡持卡率达98.95%；将外来务工人员纳入住房保障体系，全省累计已保障28.54万户符合条件的外来务工人员。“人地钱挂钩”政策持续完善，“十三五”期间，省级财政累计下达市、县农业转移人口市民化奖励资金104.3亿元，2017—2020年安排各地市进城落户人口与相应的新增建设用地专项和奖励指标共34.64万亩。

（二）在以城镇化探索人口规模巨大的现代化上形成示范引领作用

作为改革开放的前沿阵地，广东在城镇化进程中不仅强调“做大蛋糕”，而且注重“分好蛋糕”。一方面，加快实行以企业为重点的市场化改革，积极发展民营经济，推进工资与收入分配制度改革，促进居民收入水平与生活水平的提升；另一方面，坚持以人民为中心的发展思想，将增进居民福祉、促进人的全面发展作为各项工作的出发点，出台全国首个基本公共服务均等化省级规划，持续加大民生投入，近10年来，民生投入在一般公共预算支出中占比由2012年的66%逐步提高到2022年的70.1%。

2021年，广东常住人口规模达到1.2684亿人，已连续15年居全国首位，规模巨大是广东人口的基本特征。必须看到，规模巨大且相对稳定的人口数量，为广东改革开放40多年来的非凡成就作出了不凡贡献，广东既充分利用了宝贵的人口红利机会窗口，也为规模巨大的人口提供了劳动致富创造美好生活的重要机会。同时也要认识到，规模巨大的人口数量，也是当下及未来广东发展的宝贵财富。

广东是全国第一流动人口大省，流动人口快速增长，第七次全国人口普查数据显示，全省人户分离人口为6063.51万人，其中，流动人口为5206.62万人，外省流入人口为2962.21万人，省内流动人口为2244.40万人。规模巨大的流动人口是广东实现现代化的宝贵财富。研究表明，流动人口既能直观地影响劳动力供给市场和消费市场，也能深刻地影响人口老龄化程度、生育水平、人口分布等各个方面。因此，要做优人口服务，为流动人口提供均等化基本公共服务，有序提升优质化公共服务，不断提升人口治理能力，实现人口治理体系和治理能力现代化。让规模巨大的流动人口发展与城市发展深度融合、共生共荣，是实施以人为中心的城镇化战略、区域协调发展战略和乡村振兴战略的本质要求，是探索人口规模巨大的中国式现代化广东路径、体现全体人民共同富裕现代化的生动实践。

（三）在以城镇化探索共同富裕的现代化上形成示范引领作用

党的十八大以来，广东坚定不移地贯彻中央部署，在城镇化快速发展进程中着力推进共同富裕，以新发展理念引领高质量发展，促进城乡居民收入持续增长，开启了共同富裕新征程。据统计，1978—2022年，广东城镇居民人均可支配收入由412元增长到56905元，增长了137倍；农村居民人均可支配收入由193元增长到23598元，增长了121倍。城乡居民收入差距由高点时的2.7倍降至2.41倍，低于全国平均水平。

在区域协调发展方面，广东坚持把统筹推进区域、城乡发展摆在突出位置，构建了“一核一带一区”区域发展格局，出台了针对革命老区、民族地区等专项发展政策，建立了珠三角地区与粤东粤西粤北地区对口帮扶协作机制，促进区域协调发展。2020

年，省财政安排粤东西北地区各项补助和债券转贷合计4335.2亿元，比2019年增加725.3亿元，增长20.1%。均衡性转移支付覆盖全部86个财力困难县（市、区），全省县级人均一般公共预算支出年均增长9.1%。目前，珠三角核心区发展能级不断提升，广州、深圳辐射带动作用显著增强，佛山、东莞进入万亿元GDP城市行列。北部生态发展区绿色发展优势凸显，现代农业、休闲旅游、绿色低碳产业等加快发展，全省区域发展协调性不断增强。

在城乡公共服务和基础建设方面，广东重视村镇公共服务水平提升，农村居民生活水平和质量持续提升。正积极推进国家城乡融合发展试验区广清接合片区、广东省城乡融合发展改革创新实验区建设。“十三五”时期，全省共投入基本公共服务领域财政资金4.6万亿元，年均增长7.8%。基本公共服务均等化推进机制不断完善，制定了基本公共服务标准体系，以标准化推动均等化。地方教育经费总投入居全国首位，年均增长10%以上。医疗卫生资源总量持续增加，医疗机构床位数从2015年的43.6万张增加到2020年的56.5万张，人均基本公共卫生服务补助经费从2015年的40元提高到2020年的74元。全省城乡居民基本养老保险基础养老金最低标准提高到每人每月180元，珠三角地区低保救助实现城乡一体化。公积金制度惠及中低收入人群，2020年中低收入人群缴存公积金比例达到94.07%。全省通行政村道路基本实现硬底化，行政村通客车率和农村公路列养率均达100%，行政村集中供水实现全覆盖，纳入规划的自然村集中供水覆盖率达92.7%。

在提升农民收入方面，广东将农民增收作为乡村振兴的重要内容，拓宽就业、创业、投资、社保和帮扶“五大增收渠道”，坚持就业优先，深入实施“粤菜师傅”“广东技工”“南粤家政”工程，加快实施“农村电商”“乡村工匠”“高素质农民培育”重点工程，普惠制职业技能培训制度基本建立。2020年，在粤务工申领职业技能提升补贴共23.7万人次，其中农村户籍16.1万人次，占补贴总人数的68%。目前，全省现有补贴项目（工种）337个，其中专项能力80个、合格证书257个，有效满足了城乡劳动者就业技能提升需要。全省农民收入从2015年的13360元增加到2020年的20143元，增长了50.8%，年均实际增长8.5%。高出全国平均水平（17131元）3012元。城乡居民人均收入比下降至2.5：1以下，人民群众的获得感、幸福感和安全感不断增强。

二、广东率先形成以农业工业化促进农业现代化的新格局

（一）农业工业化是我国农业现代化的必由之路

中国式现代化最艰巨的任务是农业现代化。经过40多年的改革开放，我国农业的发展条件发生了重要变化，农业现代化绕不开农业工业化。一方面，进入工业化后期，工业文明与新科技革命交会融合，为农业工业化创造了必要的物质技术基础；另一方面，城镇化进入“下半场”，以城带乡和城乡要素自由流动，正在为农业工业化提供重要条件。

当今，全球正在经历百年之变，农业生产方式也发生了前所未有的深刻变革。如果说基于工业元素生成的生物技术提升土地产出效率，装备技术提升了劳动产出效率，绿色技术实现了农业可持续发展。那么，基于工业元素生成的数字经济则集大成，不

仅极大地提升了农业资源配置效率，而且实现了农业工业化的历史性跨越，具有革命性创新意义。

经过多年持续不断的努力，数字以及由此产生的数字经济已继土地、劳动力、资本、技术等传统要素后，成为乡村产业发展的新型要素资源已是不争的事实。在生产端，数字技术作用于生产的各个环节，以数字技术应用为标志的立体农业、智慧农场、无人农场等生产方式大量出现，从种到收，不仅极大提升了土地产出率和劳动生产率，而且为“谁来种地”“怎样种地”找到了一条可持续发展之路。而在供给端，以直播带货、短视频为表现形式的流通方式，“卖全国”“买全国”从田间到餐桌，大幅度减少了中间环节，节约了流通费用，降低了交易成本，为农民增产增收起到了不可低估的作用，这对具有“大国小农”鲜明国情农情的中国农业实现高质量发展意义重大。

事实上，依赖工业元素渗透、融合、替代，农业工业化不断促使人类正在经历曾经依靠土地和劳动力投入获得农产品产出的农业1.0版，再向依靠技术和资本作为生产要素的农业2.0版，正在向依靠数字化的农业3.0版和智能化的农业4.0版转变，作为即将跨入高收入国家行列的中国，必须紧随历史潮流而动。

在生产端，乡村产业数字化发展基础不断强化，继农村水、电、路、气、房等基础设施建设日臻完善以后，乡村数据网络建设速度明显加快。目前，全国100%行政村“村村通宽带”，农村互联网普及率达57.6%。信息技术在农业生产中广泛应用，物联网、大数据、人工智能、云计算等新一代信息技术与种植业、畜牧业、渔业以及农机装备深度融合。数字技术应用于农村金融服务，农业保险提供风险保障已呈普遍之势，约有1.5亿亩耕地使用了植保无人机和遥感无人机作业，占全国耕地面积的8.3%，是日本无人机作业面积的100倍。2021年，全国全系统装备北斗卫星导航作业面积超6000万亩。智能猪场、智能渔场标志着畜禽水产信息化程度达到新的高度。

在供给端，农村电商发展高歌猛进，已成为引领数字乡村的重要引擎。中国农村网络零售额由2015年的3530亿元，增长到2022年的2.17万亿元，农产品网络零售额突破5000亿元，2023年上半年农产品网络零售额达2700亿元。全国建有电商服务站点的行政村达40多万个，农村网点达1600多万家，从业人员达2000多万人。

（二）广东拥有农业工业化的突出优势

广东作为中国第一经济大省、第一外贸大省、第一制造业大省……经济实力享誉海内外，其实，广东还是一个妥妥的农业大省！据国家统计局数据显示，2023年上半年，广东农林牧渔业生产总值位列全国第三，增速达到4.6%，超过全国平均水平。广东充分发挥自然资源禀赋，走出了一条与众不同的农业高质量发展的路径：在耕地并不占优势的珠三角地区发展特色农业；在丘陵遍布的粤东西北地区精耕细作，推动农业现代化；更是在4114.3公里的全国最长大陆海岸线上，发展“海上新广东”。今天，“海上粮仓”已遍布南粤。

在农业产值较高的基础上，广东工业更是有着突出优势。2022年，广东工业经济展现韧性，规模以上工业增加值3.95万亿元，同比增长1.6%。汽车制造业以及锂电、光伏等新能源产业快速发展，数字经济与虚拟现实设备等也为广东工业发展持续提供动能。特别是在珠三角世界级先进制造业集群的加持下，2022年广东制造业总产值突破16万亿元，全部制造业增加值4.4万亿元，占全国八分之一。广东优秀的制造业发展现状也为农业工业化打下了坚实的基础。

2020年，广东农产品加工业产值与农业总产值的比值为2.44：1，高于全国2.3：1的平均水平，在全国各省份中位居第10位。应当看到，农业工业化程度与经济强省的地位不协调、不匹配。以农业工业化夯实农业现代化的产业基础，广东工业化和城镇化走在全国前列，在全国率先实现农业现代化是有可能的。未来5~10年，广东有能力、有条件发挥珠三角城市群和粤港澳大湾区对全省农业工业化的引领辐射带动作用，加快推进以农业工业化带动农业现代化的进程。

（三）加快推进农业工业化的综合改革

要通过综合改革的方式推进制度创新，形成完善的农业工业化制度安排。一是重点发展各类专业性、互助性、平台性集体经济。突出集体经济的包容性，发展各种形式的股份合作制，鼓励农民组织成立专业合作社或农业企业，通过集中资源和力量，实现农业生产的规模化、专业化；建设农民互助组织和农民合作社，鼓励农民通过合作共享资源、技术和市场信息，共同解决生产经营中的问题；建设农业产业链条和农业产业园区，提供平台和服务，促进农业生产、加工和销售的一体化。政府可以提供土地和基础设施支持，吸引农业企业和农产品加工企业入驻园区，形成产业集群效应。同时，加强农业科技创新与合作，推广先进的农业技术和设备，提高农业生产效率和产品质量，探索一二三产业融合发展的新产业、新业态。此外，还要建立健全监管机制，保护集体经济组织的合法权益，维护市场秩序和公平竞争环境；激励农民积极参与集体经济，通过分红、股权激励等方式，增加农民的收入来源，提高其参与意愿和积极性；推广农村电商和农村金融服务，利用互联网和移动技术，打破信息壁垒，提供市场信息、技术指导和金融支持，促进集体经济的发展；引进先进的信息技术和智能设备，提高集体经济的管理效率和竞争力。

二是确立城乡“一盘棋”的新思维，构建与农业工业化相适应的农村土地产权制度，以县域经济为载体形成农业工业化的新布局，加快形成城乡一体化的要素有序流动格局。对此，首先要建立健全城乡要素市场，打破城乡壁垒，促进土地、劳动力、资本和技术等要素在城乡之间的有序流动。通过放宽农村土地流转政策，鼓励农民将闲置土地流转给城市企业或农业企业进行规模化经营。同时，加强农民职业培训和技能提升，提高农民的就业能力和市场竞争力。引导城市资本和技术向农村投资，推动农村产业发展和农民收入增加。其次要加大对农村基础设施建设的投入，缩小城乡基础设施差距。建设农村电商物流配送网络，提高农产品的流通效率和市场覆盖面，加强农村信息化建设，推广农村电商和农村金融服务，提高农民的信息获取和金融支持能力。

三是搭建农业科技创新公共服务平台，开放农业公共科技资源，支持科技机构面向农业提供服务。首先要建立一个统一的农业科技创新公共服务平台，整合各级农业科技创新资源和服务机构，包括农业科研院所、大学农学院、农业企业、农民合作社，形成一个统一的服务窗口。该平台可以通过在线平台、手机应用程序等形式提供科技信息、技术指导、政策解读等服务。其次要提供科技信息服务与技术指导培训，建立科技信息数据库，收集和整理农业科技创新的最新成果、技术方法和研究报告，为农民和农业从业者提供科技信息查询和获取服务，并组织专家团队提供农业技术指导和培训服务。可以通过线上线下相结合的方式，开展技术培训班、示范推广活动等，帮助农民掌握先进的农业技术和管理方法。最后要建立农业科技创新的合作交流平台，促进科研机构、农业企业和农民合作社之间的合作与交流。可以组织农业科技创新项目的合作研究，开展技术成果转化和推广应用。同时，建立专家咨询和技术交流的在线平台，促进农业科技人员之间的交流与合作。

三、以人口城镇化政策体制创新，破解区域协调发展难题

（一）人口城镇化是解决区域发展不平衡问题的关键

中国式现代化需要破解区域经济发展不平衡、不协调的突出矛盾。从广东的情况看，受资源禀赋、区位条件等差异因素影响，粤东西北与珠三角的区域发展不平衡问题尤为突出。珠三角地域面积约占广东省的30%，却集聚了约60%的人口，创造了约80%的GDP。2021年，广东居民人均可支配收入位列全国第六，但省内的21个地级市中只有7个城市超过全国城镇居民人均可支配收入水平。未来5~10年，广东要破解区域发展不平衡的问题，关键在于加快推进人口城镇化进程。

首先，人口城镇化可以促进资源的合理配置。在农村地区，

资源分配不均衡是导致区域发展不平衡的主要原因之一。人口城镇化可以促使人口从农村向城市转移，减轻农村地区的人口压力，同时将人口和经济活动引入城市，使得资源得以更加合理地配置。其次，人口城镇化可以推动产业的升级和转型。农村地区的产业结构单一，以传统农业为主，缺乏多样化和高附加值的产业。人口城镇化可以促使农村地区的产业进行升级和转型，引入现代农业、农村旅游、农村电商等新兴产业，提高农村经济的竞争力和增长潜力。通过人口城镇化，农村地区可以吸引更多的投资和技术，推动农业现代化和农村产业的多元化发展，进而促进区域发展的均衡性。此外，人口城镇化促使人才从农村向城市流动，提高人力资源的配置效率。同时，城市的聚集效应和创新环境可以吸引更多的人才，推动创新和创业活动的发展。

要想推动人口城镇化，需要从以下几个方面着手：首先，加强区域规划和政策引导。制定科学合理的区域发展规划，明确不同地区的定位和发展方向，合理布局城市和农村发展。通过引导人口向中小城市和农村地区转移，减轻大城市的人口压力，推动区域发展的均衡性和协调性。同时，制定差别化的政策，鼓励和支持经济相对薄弱的地区发展，提供优惠政策和资金扶持，促进区域发展的均衡性和可持续性。其次，加强农村教育、医疗、文化等公共服务供给，提高农村居民的生活质量和获得感。通过提高基础设施和公共服务水平，吸引和稳定农村人口，促进区域发展的均衡性和可持续性。再次，推动农村产业升级和转型。通过发展现代农业、农村旅游、农村电商等新兴产业，提高农村经济的竞争力和增长潜力。鼓励农民参与农产品加工和农业科技创新，提高农产品附加值和质量水平。最后，加强农村土地制度改革。推进农村土地流转和承包经营权确权登记，鼓励农民将闲置土地流转给农业企业或农民合作社进行规模化经营。通过土地流转和承包经营权确权登记，提高农村土地的利用效率和经济效益，促进农业生产的现代化和规模化。同时，加强农村土地管理和保护，防止土地过度开发和环境破坏，实现农村可持续发展。

（二）以公共资源配置均等化推进区域协调发展

公共资源不足成为制约区域协调发展的主要因素，首先公共资源分配不均导致区域间基础设施建设水平有差异，一些地区由于基础设施建设滞后，交通、水电、通信等基础设施不完善，限制了该地区的发展潜力和吸引力。同时公共资源分配不均导致一些地区无法提供良好的教育、医疗、就业等公共服务，导致人才流失。未来5~10年，推动广东区域协调发展，需要尽快实现大中小城镇公共资源配置均等化。

一是根据人口规模配置基本公共资源，减少行政等级对公共资源分配的干预，按照人口在城镇集聚的规模测算不同城镇公共资源配置标准，以实现大中小城镇公共资源配置均等化。此前，中共中央、国务院共同印发的《关于新时代加快完善社会主义市场经济体制的意见》提到，“推进公共资源由按照城市行政等级配置向按照实际服务管理人口规模配置转变”。这提出了国内新型城镇化的重要改革问题。此外，中共中央、国务院发布《关于构建更加完善的要素市场化配置体制机制的意见》，指出要建立城镇教育、就业创业、医疗卫生等基本公共服务与常住人口挂钩机制，推动公共资源按常住人口规模配置。

二是加大各级政府对中小城镇的转移支付力度，实现新增财政城市建设资金主要用于中小城镇，实质性地提高中小城镇人口集聚功能。制定科学合理的公共资源配置政策，明确公共资源的分配原则和目标。政府可以通过政策引导，确保公共资源在不同地区的分配均等化，避免资源过度集中在少数地区，造成区域发展不平衡。政策可以包括资源调剂、投资引导、税收优惠等方面的措施，鼓励公共资源向相对薄弱地区倾斜。

三是改革用地制度，城镇建设用地指标向吸纳人口较多的中小城镇倾斜，引导产业布局向中小城镇转移，提高中小城镇吸纳就业的能力。同时建立健全公共资源配置机制，确保公共资源的合理配置和有效利用。可以采用市场化机制，引入竞争和激励机制，提高资源配置的效率和公正性。例如，通过招投标、竞争性拨款等方式，确保公共资源的分配公平、透明，避免任性、不公的现象。同时，建立监督机制，加强对公共资源配置过程的监督和评估，确保资源配置的公正性和效果。

（三）以乡村振兴推进城乡融合发展

长期以来，受到城乡二元结构下城乡产业发展相对分离的影响，逐渐形成了乡村以第一产业为主，城市以第二、三产业为主，乡村为城市的发展提供原材料，由此所形成的产业分工，使得乡村发展被锁定在产业链和价值链的低端，乡村产业发展受到制约。乡村发展的相对滞后，又进一步增加乡村治理的困难。一方面，由于乡村产业收益偏低，集体经济收入有限，从而使得乡村基础设施、公共服务的提供更多地依赖于国家财政的支持，乡村难以依靠自身力量改善乡村发展环境。另一方面，由于乡村发展缺乏统一的规划，从而使得农村“五网”建设进程有待进一步加快。

2023年中央一号文件再次强调“全面推进乡村振兴”“坚持城乡融合发展”。从实践看，广东有能力、有条件以农业工业化为重点推进城乡一体化，并率先走出一条城乡融合发展的新路子。一是加大支持落后地区农业转型升级的力度，帮助落后地区农业融入都市圈产业分工体系，构建本土化、区域化、都市圈一体化的农产品供应链。二是完善农村地区冷链物流、保鲜加工等基础设施建设，提升重要农产品产业链、供应链的抗风险能力。三是加快培育乡村电子商务、文化旅游、文化创意、健康养老等新业态，普及智慧农业，推动传统农业升级改造。

乡村振兴战略的实施能够在产业、人才、文化、生态和组织等多方面实现城乡各资源要素的互通，最终达到城乡发展与要素流动的平衡。对此要以数字乡村建设为着力点，一要夯实乡村发展的数字化基础，以新基建为代表的数字基础设施建设，通过城乡间数字基础设施的共建共享，推进城乡间要素的自由流动，从而促进城乡融合，助力乡村发展。以物联网、大数据、人工智能等新一代信息技术为支撑，将数字资源由城市向乡村扩散，通过现代信息技术实现对城乡要素的整合和高效集聚，同时借助数字技术，打通城乡融合的断点与堵点，通过发掘不同区域、不同类型的乡村特色，将资源优势转变成经济优势、产业优势，在价值转变的过程中，不断释放农业农村发展潜力，实现高质量发展。二要助力农业发展的数字化转型，以智慧农业发展为目标，大力推进农业基础设施的智能化、数字化、生态化，构建从农资到产品、从生产到销售的农产品质量安全追溯体系。同时以农业生产数字化为基础，大力推动农业与生产性服务业的有机融合，不断拓展农业与二三产业融合发展的深度与广度，从而在推进农业价值增值的进程中，实现农业的价值转换。三要提升农村居民的数字化水平，以数字乡村建设为契机，通过对农村居民数字能力的培训与引导，不断提升农民参与乡村数字化建设的能力和水平，通过农村数字化网络建设，将农民的日常生产、生活纳入数字乡村建设，通过数字化设备的推广与运用，不断提升农民生产生活的便捷性，从而增强农民参与数字乡村建设的积极性和主动性，提升农民的数字化水平。四要构建乡村治理的数字化体系。借助数字经济的发展，通过现代信息技术在乡村的运用，有助于弥合城乡之间存在的“数字鸿沟”，助力乡村治理转型和乡村的全面振兴。乡村治理的数字化有助于推动乡村治理由精英治理、多元治理向数字化治理转变，提升农民参与乡村治理的深度与广度，真正实现乡村的共建共治共享。

刘守英

粤港澳的城乡融合与乡村振兴

主讲人简介

刘守英，中国人民大学经济学院党委书记、院长，教授，博士生导师。研究领域主要为土地制度与经济发展、城乡转型、中国式现代化等，主持包括国家自然科学基金应急管理项目、国家社会科学基金重点项目以及教育部人文社科攻关项目在内的国家级、省部级课题30余项，在*Journal of Development Economics*、*World Development*、*Oxford Bulletin of Economics and Statistics*、*China Economic Review*及《中国社会科学》《经济研究》《管理世界》等高水平学术期刊上发表论文160余篇，研究成果获第六届、第八届高等学校科学研究优秀成果奖（人文社会科学）一等奖，第十九届孙冶方经济科学奖，第七届张培刚发展经济学优秀成果奖，中国发展研究奖等。

城乡关系是中国实现现代化的关键问题，城乡问题的解决也直接影响国家结构转型的方式和结果。其中，城乡融合和乡村振兴两大战略需要统筹考虑、一体推进。但在日常中，这两大战略却常常被割裂开来讨论。一方面，在讨论城乡融合战略时，主要结论还是要求进一步推动城镇化，把人口移到更为宜居、宜业的城市地带，但这种城市偏向的思维容易导致对农业和农村发展的长期忽视，进而以牺牲农民和农村的利益为代价，单一地发展城市和工业，产生严重的城乡差距并造成农业竞争力低下和乡村衰败。另一方面，在讨论乡村振兴战略时，大部分也还是在撇开城市化规律去讨论乡村的发展问题。这种局限容易导致一些极端思维的出现，如解决乡村人口流失时不顾后果地将城市人口移向乡村，以违背一般规律的方式去强行推进乡村振兴，严重忽略了现实条件。所以无论是在理论方面还是政策方面，都要我们去结合实际国情和社会民生，重新考量每一个政策背后的逻辑，进而形成一个既有城乡融合也有乡村振兴的完整的发展理念，破除单向城市化或是单向乡村振兴的惯性思维。这样，我们才能将县镇村真正融入都市圈体系进行规划，从而协调推进整个区域的高质量发展。

广东省目前大力推进的“百县千镇万村高质量发展工程”（简称“百千万工程”）是中国全面推进乡村振兴战略的一个缩影。广东省城乡区域协调发展的基本思路是以问题为导向，通过精准诊断本省出现的具体问题来抓出“对症药”、治好“区域病”。在广东推进“百千万工程”和相关政策过程中，有两个方面最值得关注：一是全面振兴，二是新形态振兴。广东省之所以要实施全域、全面的乡村振兴，正是因为在长期发展过程中，不均衡的城乡区域发展带来了不同程度的工业化和城市化。一方面，在城乡维度上，广东省内城市的发展远超乡村发展；另一方面，在区域维度上，珠三角地区（粤港澳大湾区内地九市）的发展水平也远超湾区外的粤东西北地区。因此，城乡区域协调发展成为广东省全面推进乡村振兴、建设粤港澳大湾区、实现高质量发展的最重要一环。要缩小城乡区域发展差距，就必须以“三强”作为广东省“百千万工程”的抓手，即强县、强镇和强村带动全域振兴发展，实现全面的振兴。从城乡空间形态上看，广东省的乡村振兴也不是简单的乡村地区建设，而是要在新的时代特征和新的发展形态下去讨论如何精准地进行乡村振兴。其中，最为关键的是理解好如何在湾区核心城市，如广州、深圳、佛山带动形成的大都市圈下城乡的科学融合，这也是讨论广东省乡村振兴的逻辑基础。目前，广东省发展的空间实际上是既有城市也有乡村的。这样城乡相结合的空间形态，有利于带动乡村工业化，挖掘乡村集体经济发展内生动力，提供城市活跃的市场主体和广阔的未来发展空间。因此，广东省以“百千万工程”为抓手推进城乡区域协调发展，实际上也是在原有以乡村为主体的乡村振兴战略下，加入城市等更高行政区划动力的升级，以期在新的时代凸显新的业态发展模式，实现真正的全域高质量发展。

一、城乡融合是城乡转型的一个阶段

（一）从城乡二分到城乡连续体

18世纪60年代，西欧进行了一系列的技术革命，出现了工业化大生产模式，资本和人口在城市集中起来，农民也向城市集中，进而导致城市用地扩大，城市周围的农田和村镇开始向小城市发展，后续小城市又逐渐发展成为大城市。这样的城市化历程实际上呈一个S形曲线，也就是1979年美国城市地理学家诺瑟姆（Ray Northam）提出的，将城市化的轨迹划分为起步、加速和稳定三个阶段的“诺瑟姆城市发展曲线”。如果将中国的城市化进程套入诺瑟姆曲线的三个阶段，可以发现，中国目前已经度过了S形曲线前30%的加速期和前60%的快速期，来到了形态逐渐成熟、发展逐渐放缓的城市化率超70%的稳定期。这也就使得我们重点关注这一问题：当中国城市化进入70%的成熟期后，城市与乡村这两者的形态究竟是怎么样的？

国内和国际上通用已久的城乡二分法，并没有总结出一套统一的划分城市和乡村的标准，只在社会类型、社会团结方式、社会心理等社会层面上，强调城、乡发展的差异与对立。这种传统的城乡二分法带来了两种截然不同的发展主义：城市主义和乡村主义。前者暗含了城镇优于乡村的假设，强调城市化是一种不可避免的发展趋势，发展的目标应以城市化为主；后者的核心则是反对城市化进程，认为乡村生活才是美好宁静的理想生活，因此必须停止城镇的扩展、将建筑限制在明确定义的区域内，以此保护农村免受城市扩张和城市生活方式的侵袭。从政策后果来看，基于城乡二分法这一传统范式，“城市主义”要求社会治理和政策制定以满足城市需要为目标，而乡村则被置于从属和被动付出的地位；“乡村主义”则只看到乡村生活的美好恬静，忽视了普遍存在的贫困和歧视问题。因此，不管是“城市主义”还是“乡村主义”，都是将城市和乡村视为独立割裂的个体，认为两者存在对立关系，而忽视了城市与乡村间的整体性与连续性。

基于以上批判，学界开始提出城乡连续体的概念体系。也就是说，当城市化率超过70%以后，真实的城乡形态不是只有城市空间与乡村空间的区隔，还有被我们忽略的中间过渡带这一空间，这也是世界各国一致的发展事实。在一些西方发达国家里，经历过快速城市化阶段后进入城乡融合阶段时，其发展要素的流动方向、产业结构、城乡差距和乡村功能等方面均表现出与上一阶段明显的区别，城乡转型发展呈现出明显的阶段性特征。因此，关于城乡问题的分析也逐渐从城乡二分范式向城乡连续体范式转变。这里以美国和英国的城市发展为例，进一步阐释城乡连续体的这一重要概念。

从美国的发展历史来看，其城乡连续体可分为都市区（中心城市、郊区）和非都市区（乡村、小城镇）这两类。20世纪初期以来，特别是第二次世界大战后，美国连接城市和乡村的郊区地区发展繁荣非凡，郊区的人口总量和人口增长率开始逐渐高于中心城市地区和乡村地区，城市中心成为人口净迁出地，而郊区则成为人口净迁入地；大都市区内部的就业分布也主要集中在非中心城区，中心城市与郊区的收入差距也开始发生扭转。到了20世纪末期，由于移民人口流动的变化，美国的乡村和小城镇开始复苏，非都市区的人口迁入量逐渐追平了都市区人口迁入量。同时，乡村经济开始呈现出多样性的特征，如乡村产业的非农化趋势明显，城市居民与乡村居民的收入差距也在不断减小。美国城市周边郊区的繁荣发展早先仅被作为暂时的社会现象进行研究，认为是一部分城市富人以休闲等为目的前往乡村，折中至两者之间的郊区而带来的繁荣。实际上，学界并没有把城市、郊区、乡村这三个空间作为一个整体来讨论，郊区在城乡空间里的重要性未得到充分研究。在美国的城市化率达到70%，郊区人口增长总量持续高于中心城市地区和乡村地区时，郊区化的研究也慢慢得到重视。郊区化对城乡关系的重要性，在于它解决了长期以来城市化进程中城乡差距如何缩小的问题。随着郊区化的展开，大量要素往郊区转移，中心城区和郊区的收入差距发生逆转，这是美国城市化进程中城乡差距的第一次缩小。郊区这一中间地带不断成长后，开始往乡村地区蔓延，带动乡村逐渐融入城乡连续体，郊区化也就是这样一个过渡现象。再接下来，开始出现乡村复兴和乡村经济的种种变化，使得整个都市区与非都市区的收入差距开始了第二次缩小，城乡融合进一步发展。从美国的城市发展史来看，城乡之间两头向中间靠拢的演变形式使得城乡差距有了缓冲和减小的空间，这样的空间正是我们解决中国城乡差距问题时需要非常重视的一点。

另一个城乡连续体的典型案例是英国。英国的这一模式可以划分为农村（农村人口大于80%的地区）、大乡村（农村人口占比50%~79%）、有显著乡村区域的城市（农村人口占比26%~49%）、中小城市/城市群、大都市等不同板块，是一个等级清晰、功能明确、相互依存的城乡连续体典范。英国城乡融合历程在人口方面的主要特征包括大城市人口流失严重、乡村和小城镇人口增长明显；在经济和产业方面的特征表现为城乡居民收入差距减小、乡村地区经济总量在国民经济总量的占比升高、乡村地区的经济活动丰富且产业结构逐渐趋于复合等等，这也和美国的城乡发展进程有着极大的相似性。

所以，我们在思考中国的城乡融合与乡村振兴战略时，也一定要注意整个城乡连续体形成过程中乡村的变化，关注乡村发展在功能、形态、产业变化上的特征和趋势。这样才能在城市化进程中辨别出不同空间、不同时期经济活动和产业发展的真实情况，从而根据城乡发展的实际状况来推进产业振兴和制定支持性政策，更好地推动全域乡村振兴。

（二）在都市圈范畴下思考城乡融合形态

在讨论城市化进程中的城乡连续体理论时，也需要明晰目前讨论较多的“都市圈”这一概念。特别是在讨论广东省的基本问题时，一定要站在都市圈的维度上去思考粤港澳大湾区建设中出现的种种问题、找出解决路径。目前，广东的高质量发展既包括了特大城市，如深圳市、广州市等的高速、大体量发展，还包括了最基础的县、镇、村等区域的小体量发展。虽然大都市和县、镇、村在经济体量、产业结构和发展方向上有所不同，但两者的发展不是各自独立的，而是存在着一定的区位关联，也就是在圈层上的联系。不论是世界上哪一个国家，经济发展的基本规律都是越来越集聚，例如，日本目前的城市规划也是在向中心地区的三大都市圈（东京大都市圈、京阪神大都市圈和名古屋大都市圈）集中，带来了良好的聚集经济效益。以此为参考，粤港澳大湾区的城乡融合也一定是要在大都市圈的范畴下讨论发展规划的问题。

都市圈的学术定义是“以一个或多个中心城市为核心，以发达的联系通道为依托，由核心城市及外围社会经济联系密切的地区所构成的城市功能地域”。但要注意，这个概念不能简单地理解成核心特大城市带动周边城市发展而进行的城市扩张，而是要注意到大都市圈核心城市周边地区的基本情况。如果将都市圈单纯理解为城市化，即使最后完成了圈层内的现代化进程，也不符合前文提到的城市、乡村融合发展的理念。因此，我们需要认真思考：当城市化率超过70%之后，都市圈圈层的发展会发生什么变化？答案是城市化的速度在放慢。而城市化放慢之后形成了怎样的新形态？这将是我们应该理解的城乡转型最重要的一个变化。

长期以来，空间类型的区分一直延续城市、乡村二分的模式。而当城市化率超过70%以后，城乡空间的基本形态一定不是农村，也一定不是特大城市，而是特大城市到城镇、到乡村的城乡连续体形态。正如前面列举的两个例子：美国的城乡融合表现在持续繁荣的郊区和持续走低的中心城市区，并最终形成了城市、郊区、乡村这三个相互连续的形态。英国也是如此，且形成了更为细致的划分。因而，粤港澳大湾区乃至整个广东省的城乡发展也需要破除单向城市化思维，不能走以都市圈内核心城市为主导推进城市化的模式。改革开放45年来，广东省本身已经形成了从大城市到县城、到镇、到村的连续体，所以要继续增加城乡连接体系的融合度、可连接性和要素流动，在强县、强镇和强村的基础上实现“三强”与都市圈的融合，将县镇村融入都市圈的发展体系中。因此，我们在讨论乡村振兴时，大的前提就是在已形成的都市圈下，结合城乡连续体的思维，施行符合客观规律的城乡融合政策措施。

二、粤港澳大湾区都市圈城乡融合特征与问题

湾区经济的本质是人口经济活动的聚集和规模经济。粤港澳大湾区城乡融合的特征如下：一是人口融合。近十年数据表明，粤港澳大湾区人口呈净流入，增长35%。这种现象在全国的都市圈中都有着最明显的人口集聚特征。随着湾区内人口融合的持续推进存在，湾区内地九市的人口城镇化水平也都有显著提升。二是空间融合。粤港澳大湾区人口密度和都市圈密度存在比较大的差距，城市群扩张和土地扩张比较明显，同时土地层面的融合则较城市人口融合更加明显。三是经济规模聚集。广东省珠三角城市群的经济聚集度位居国内各大城市群首位。四是产业融合。这是具有明显粤港澳大湾区特征的经济优势。其中，镇域经济和区级经济是粤港澳大湾区产业发展的两大“支柱”，珠三角地区在全国“百强区”“千强镇”排名中优势突出。因此，广东省提出的“百千万工程”是站在县镇村的角度去实现区域的振兴，所以其产业的融合不仅仅发生于省会城市或核心城市，县镇村一级的产业发展同样需要获得关注，并适时地接受相关利好政策的支持和发展资源的倾斜。五是农业产业革命。一直以来，粤港澳大湾区对制造业的高质量发展给予了高度重视，但同样需要关注的还有同一时期农业的产业革命。这一变化最重要的特征之一是产值比重和就业比重的同时下降，以及相应的农业劳动生产率、附加值、回报率的全面提升。总体而言，粤港澳大湾区现在开始出现的五个要素的融合：人口融合、空间融合、经济规模聚集、产业融合、农业产业革命。另外，与旧金山湾区、纽约湾区和东京湾区三大世界级湾区相比，粤港澳大湾区目前还存在着以下

六大差距。

（一）粤港澳大湾区内部核心区聚集度不足

对比其他三大世界级湾区，粤港澳大湾区的城市核心区聚集度不够高。整体来说，珠三角城市群集聚度不够。一方面，县域城镇化滞后，无法满足专业镇在高端消费、服务业、高品质城市生活等方面的内生需求。例如，早在20世纪90年代，佛山市南海区乡镇经济发展得非常好，在全国领先，但是城市集聚度不够，全区没有一个城市中心，带来的问题是地区消费能力不能充分释放和城市能级上不来。另一方面，处于湾区核心位置的广州、深圳两个特大城市对都市圈内其他城市带动辐射作用明显偏弱且不均衡，除广佛、深莞两大主轴以外，珠三角城市群之间的要素互联互通、产业互动程度偏弱。在湾区内部，核心城市虽然实现了较高的人口聚集度，但相应的经济聚集效益并未充分实现，从而造成“聚集不经济”的现象。这也是粤港澳大湾区和世界其他湾区之间在经济总量、产业结构、创新能力等方面存在较大差距的重要原因。

（二）粤港澳大湾区内部巨大的城乡差距

党的二十大报告提出，发展不平衡、不充分主要体现在城乡发展不平衡、农村发展不充分。仅局限于城乡二分思维内，就无法真正解决城乡发展差距问题。中国的城镇化历程要求我们必须认真反思，如果城镇化率超过70%以后，城乡差距仍未缩小至合理水平，那可能就是城市化的理念、形态、体制出了问题，其背后的根源在于我们城市化模式的滞后。改革开放45年来，中国经历了大批农村人口单向流向城市导致的农村“空心化”现象，产生了极大的城乡失衡结果。如果仅从人口流动角度来看，现在已经由乡村进入城市的这部分人是应该再次回到乡村，还是继续留在城市中？如果选择在进入城市后，又毫无准备地全部返回乡村，那可能就会出现人类发展史上最独特的“逆流式”城镇化模式。而这几亿人顷刻间涌向乡村，谁又能解决他们返乡后的就业发展和生活保障上的问题呢？归根结底，中国城乡失衡的根源在于一直以来的城乡二分思维，仅就城市论城市、乡村论乡村，这样的观点导致我们的城市失衡，乡村也失衡。2014—2022年，粤港澳大湾区内地九市城乡收入比由2.35降至2.10，低于全国和广东省平均水平，缩小城乡差距成效显著。但这一城乡收入比仍远高于发达国家平均水平以及20世纪80年代全国平均水平，这表明粤港澳大湾区城乡差距并未完全消除，在缩小城乡差距上仍然有巨大潜力空间，仍需要深入研究大湾区内部城镇化的动力机制和路径模式。

（三）粤港澳大湾区内部经济发展差距和公共服务供给严重不平等

都市圈是一个由多个城市和地区组成的地域，其经济发展水平和公共服务水平会影响到周边城市和地区的发展。在粤港澳大湾区内部，香港与内地城市的经济发展水平和公共服务水平差距极大。例如，2022年香港的人均GDP约为广州、深圳、珠海的2倍，肇庆的5倍。地区经济的表现虽有区位、政策和人口流动上的影响因素，但仍需更好的政策来解决这一层面的差距问题。除了经济发展水平，公共服务供给的不平等也是粤港澳大湾区内部存在的一个问题。例如，在教育和文化方面，香港的高等教育资源和公共文化资源相对充足，教育水平高，吸引了大量的国际学生前来学习，也为香港本地的高等教育提供了丰富的国际资源和经验；公众文化场所丰富，在为当地居民提供良好的文化服务同时，也吸引全球游客前来观光旅游。相比之下，大湾区内地九市的高等教育资源与经济规模不匹配，广深一流高校数量等教育指标与京沪等差距明显，亟需补足补强。此外，公共服务均等化水平、社会保障体系、公共文化设施等与港澳差距显著，仍需进一步提升完善。

（四）粤港澳大湾区内部产业结构失衡

制造业一业独大、服务业发展不足是粤港澳大湾区在产业结构上的短板，这种产业失衡也会影响全域的发展。以苏州为例，苏州是一个制造业为主的城市，如同一个产业基地，但随着城市发展，城市居民的多元化和高质量生活需求与产业供给之间产生了不匹配的问题。一旦市民需求和城市制造业不能形成匹配，就会影响城市发展的后续动力。因此，粤港澳大湾区内部需要进一步优化产业结构，尤其是加强高质量服务业的供给，促进城市经济的可持续发展。

（五）粤港澳大湾区内部的半城市化问题

由于经济发展水平不同，粤港澳大湾区城市群内部的城市化率存在明显差异，以及常住人口城镇化率和户籍人口城镇化率的巨大差距，导致了半城市化问题。广东省的城市化率和半城市化率“双高”，都市圈内尤其是广、深两大核心城市中心城区内部的城中村大量存在，这种城市包围乡村的形态也为城市带来种种发展上的问题，如城中村的人居环境和治安较差、基础设施和公共服务滞后、社会治理隐患较大等。

（六）粤港澳大湾区内村庄结构转型带来的危机

粤港澳大湾区的乡村板块面临“人—地—业—村”系统失衡的问题。中国的城市化仍在推进，村庄人口仍在外流，但是流动半径在缩减、回流趋势更加明显，农民工更倾向于在本地或者省内就近就业。另外农一代返乡，农二代基本上不回到乡村，主要回到县城。人口回流的这种城市化模式带来乡村的土地碎片化，因为人跟地不能分离，耕地、宅基地不能放弃，导致经营规模无法扩大，土地要素配置成本高，宅基地使用无序。土地碎片化问题带来的结果是，中国乡村无法进行人地关系的重构，于是乡村的产业规模小、缺少竞争力。中国出现世界上最大的反差，就是农业就业人口的下降滞后了，第一产业24.1%的人仅创造了7.3%的GDP（2022年数据）。广东省的情况稍好，2022年第一产业以10.5%的就业人口创造了4.1%的GDP，但农业的人地要素匹配程度远未达到世界农业强国水平。农业的经营结构、种植结构很难调整，必然导致农业成本高、回报低。最后，村庄数量在持续缩减。中国现在乡村的问题不是某一个要素主导问题，而是系统性的，是人、地、业、村整体失衡，导致乡村没有活力。粤港澳大湾区内核心都市区以外的乡村地区与内地乡村一样，同样面临人口流出、土地碎片化、农业效益低、村庄“空心化”的乡村有机系统失衡问题。

三、粤港澳大湾区实现城乡融合发展的实践路径

（一）构建城乡融合新形态

1．从城乡二分思维转变为城乡融合思维

为了有效地解决城乡转型问题，我们需要摒弃传统的单向城市化思维，并重新审视城乡融合的发展模式。这一思维方式强调城市与乡村之间的平衡和互补，从而实现更为完整和可持续的城乡发展。单向城市化模式的主要缺陷在于它过于侧重城市的发展和繁荣，而忽略了乡村地区的需求和利益。在城镇化率超过70%以后，我们需要转变观念，充分认识到城乡融合的重要性，从而为城乡之间的互动和合作创造更加有利的条件。因此，要以城乡融合思维推进都市圈建设，要把打造城乡融合形态作为新一轮都市圈建设和乡村振兴的最重大任务。近年来，粤港澳大湾区各城市的基础设施和公共服务水平显著提升，但城乡之间的差距仍然存在，农村污水处理、垃圾处理、水环境、人居环境等方面仍需加大投入、补齐短板。在实践过程中，要以推动城乡基础设施和公共服务一体化、均等化为目标，强化技术支持和服务提升。比如，利用数字化技术，可以有效地提高乡村地区水电、道路、通信、互联网等方面基础设施水平；通过提供优质的医疗、教育、文化和娱乐服务，提高农民的生活水平和幸福感，不断完善农村地区现代化生产生活条件。

2．重构“大都市—县—镇—村”的城市体系

城市化仍然是中国全面建成社会主义现代化强国的主要任务之一，然而，城市化不仅仅是指城市规模的扩大和人口的集聚，

更需要在城乡间建立共生共荣、协同互补的关系。针对当前粤港澳大湾区城市化发展状况，需要对都市圈核心城市、县城、镇和村的功能进行重新定位和规划，以便充分发挥城市化的带动辐射功能，提高城市化的效率，更好支撑粤港澳大湾区高质量发展。首先，都市圈核心城市需要进一步提高空间和人口聚集度，对标纽约、东京、旧金山湾区核心区提高经济密度、规模效率、创新能力，以更好引领粤港澳大湾区以及带动辐射周边地区发展。其次，进一步强化县城作为城乡融合的枢纽地位，进一步发挥县域城镇化的人口承载、经济辐射和带动功能，尤其是依托产业有序转移园区和农村一二三产业融合发展强化县域城乡融合的产业支撑。再次，突出专业镇的经济功能，以专业镇为单位构建世界级产业链，补齐镇域基础设施和公共服务短板，提高镇域人口承载力，把镇打造为城市体系的重要节点。最后，大部分村纳入整个乡村系统，打破碎片化格局，推进城乡要素对流，实现乡村有机系统重构，小部分村融入村镇，成为城乡连续体形态的一部分。因此，要完善都市圈结构下的城市体系建设，将县镇村融入都市圈的发展体系中。

3．以大都市郊区为重点拓展城乡融合空间

都市圈的城乡融合是一个从村庄到城市的连续体，浙江、广东实际上已经在自然地形成以圈为核心、将村庄纳入城市的连续体。当前，大城市的郊区化已经成为不可逆转的趋势。随着城市化的加速发展，人们的居住需求也越来越高。郊区因其独特的人居生态环境、交通便利和经济活力，成为人们追求品质生活的首选之地。而要实现城乡融合，就必须要让郊区融入城市，使之成为城市体系的重要部分。因此，城乡融合的第一阶段，即郊区化是不可或缺的。这一过程中，郊区与城市中心区的融合至关重要，要将郊区整体打造成为城市一体化发展的空间，进一步拓展城市的发展空间，推动城市和郊区的协调发展。对粤港澳大湾区而言，一方面要进一步畅通人、地、资金、信息、技术等要素在大城市和县镇村之间的互动和流通，在规划、金融和公共资源投入等方面要实现县镇村与大城市之间的相对平衡，而不是将县镇村的要素资源向中心城市单向集聚；另一方面要将县镇村纳入都市圈统一规划体系，包括土地利用体系和公共设施投入体系等，以实现城乡一体化发展，增加城乡连续体的融合度、可连接性和要素流动性。

（二）构建乡村新系统

1. 分类推进乡村系统重构

乡村重构主要分为两类：对于人口流入村，要成为城乡连续体的村镇，保障流入人口平等的权利，成为城市形态的一部分。对于人口流出村，第一个问题是人，原来在本乡本土的涉及三代人：农二代应当落城，还指望着农二代回村是不负责任的；农三代应当入城，成为城市的一分子；农一代在乡村体面地老去。另外，村庄必须有人气，需要改变现在中国村庄的封闭状态，涉及出去的人如何回、以怎样的方式回，新的经营者如何落村，乡贤如何落脚等等问题。

2. 解决土地碎片化问题

一是耕地的整合，就是经营权的集中，由小块变大块。二是宅基地的整合，不能只是把村庄变成大的社区，原来以小组为单位的宅基地配置要改变，比如可以把几个小村合成相对大一点的村，形成村镇，实现宅基地跨小组配置。新盖房子的人在新的村庄落户，新的村落和原来小组的村落要发生改变，村落适度集聚后，原来村庄的宅基地和耕地进行整合，面积就能慢慢扩大，在人地关系重构的前提下农村产业化才有希望。

3．推动以要素重组升级为核心的农业产业革命

中国农村的产业应该同时走两条路，一条路是打造“一县一业”的产业体系，推动优势产业规模化，形成加工、储存、冷藏、品牌、市场，即一整个产业体系；另一条路是精致农业道路，中国的农业不能完全做成规模化的农业，还要做好吃的、精品的、有味道的、新鲜的地方独特品种，要把土产品变成特产品，把具有地方知识的农业产品复杂化。一方面，县域产业发展不能忽略乡村的工业化和专业镇，推动珠三角乡村振兴的时候尤其要注意“村级工业园到底怎么改造”的问题，如果对专业镇和村级工业园的产业不重视，广东省的整个产业基础可能会出问题。另一方面，广东的农业产业革命才刚刚开始，最主要的是要素组合，涉及4个重要的指标：一是单位土地的报酬，这是农业最重要的指标。二是产业体系，广东省农业产业园规模和数量位居全国前列，但产业体系首先是产业的规模化，并在产业规模化基础上，壮大农业的产业体系建设，围绕加工、储藏、冷链、市场、品牌等方面形成产业体系，产业体系建立不起来就很难。三是要迈向高附加值农业。长期以来，中国农业亩均产量的提升意味着饮食水平的提高，现在农业的亩均产值提不上去是做不好的。我们要有强大的农业产业体系，到了镇村一级就要走精致农业道路，农产品一定要好吃、一定要非常精致，这就是高附加值的农业。四是农业生产率，包括劳动生产率、要素生产率和土地生产率，要形成农业产业与其他产业同等的竞争力和回报率。

4．村落公共空间的整合

在农村的发展过程中，公共空间的整合是一个非常重要的议题。公共空间不仅是村镇老百姓休闲娱乐、交流沟通的场所，也是乡村文化的传承和创新的基础。首先，村庄的公共空间可以依托剩余公地与耕地的整合，如果乡村公共空间没有得到有效整合，不仅会导致资源浪费，也会给村民的生活带来诸多不便。其次，公共空间的整合需要村民的支持和参与，因而必须保护好村民的公民权利和财产权利，避免侵犯村民的合法财产和权益。最后，在整合过程中注重村庄文化的传承和创新。村庄是乡村文化的重要载体，公共空间的整合应该是文化传承和创新的过程。在整合过程中需要注重文化元素的融入，通过公共空间的设计和布局，让村民在享受休闲娱乐的同时，也能够感受到乡村文化的魅力。未来的村庄将形成相对集聚的村落，把集聚出来的空地、公地和多出来的宅基地、碎片化的耕地整合起来，形成一幅非常美丽的乡村画卷，让乡村在真正意义上成为大家向往的诗和远方。

贺雪峰

乡村振兴与共同富裕

主讲人简介

贺雪峰，武汉大学社会学院院长、教授、博士生导师，武汉大学中国乡村治理研究中心主任。主要研究方向为乡村治理和乡村建设实践，20多年来在全国开展田野调研，每年驻村调研2个月以上，坚持“田野的灵感、野性的思维、直白的文风”，被学界称为“华中乡土派”。出版20多部学术著作，发表数百篇学术论文，在“三农”研究领域具有重要影响力。

大家好，我是贺雪峰。我今天讲“乡村振兴和共同富裕”，我就很粗浅地和大家分享我的观点。

一、对乡村振兴总方针的基本理解：三轮驱动的现代化

首先我想从乡村振兴的总要求来说。目前的主流理解大家都比较认同，我就说说我自己的理解。我们都提共同富裕，共同富裕是什么呢？共同富裕其实是城乡的共同富裕，我认为这里存在城乡、区域、阶层三种差距，这里面最重要的是城乡差距。比如广东这边，珠三角与粤北地区的城乡差距还是有点大。

我认为，要解决共同富裕，最重要的是解决城乡差距的问题。那么，怎么解决呢？现在提乡村振兴，大家特别关注的是农民的财产权如何释放的问题。我们有很多的专家在论证，怎么把土地变成农民的收益。现在的一个制度设置，也就是城乡建设用地增减挂钩制度，被大家讨论得很广泛。它其实是一个非常小的制度，但是现在却对中国的城乡发展产生了巨大的影响。简单来看，就是农村建设用地减少和城市建设用地增加挂钩。那么，我们去哪里找农村建设用地呢？很多人就觉得我们要关注宅基地，这个是巨大的未被开发的财富。大家都知道，我们乡村振兴需要投入很多资源，所以就想把宅基地利用起来。宅基地原来是自然资源部管，现在为了推进乡村振兴，就下放到农业农村部。

那么我要问，今天的乡村振兴，我们究竟要达到什么目的？

我们农业GDP占国民生产总值的比例，和美国等发达国家相比差距很大。而我们中华文明要复兴，中国就必须实现现代化。那么怎样推进它呢？我认为，这与乡村振兴有关。我在《城市化的中国道路》中设计了“三轮驱动的中国现代化模式”。当时大多数人认为，中国2015年可以超过美国，成为世界老大，大家都非常乐观。后来我们进入新发展阶段的时候，我们的GDP可能慢一点，每年增长6%~7%，但也起码是6%，那我们2025年可以超过美国。不过这个事情，现在看来有点难。纵观全球，西方发达国家的经济总体量加起来还没有我们多。如果我们要超过美国，那么现有的国际规则就必须重构。问题在于，难道美国就甘愿落后吗？在中国这样一个发展中国家的发展过程中，它就不会卡你的脖子吗？就愿意让你非常顺利地赶超它吗？美国的许多政治家都具有世界眼光，如果允许这样的事情发生，他们利益就会受损。

所以我当时就提出，我们的现代化其实是三轮驱动的现代化。

第一，小农经济很重要。做好小农经济，先不说赶超美国，我们起码可以缩小和欧洲的差距。当然，我们原来的小农经济可能是肩挑人扛的，没有规模、没有机械化、没有化肥，但是现在我们提的小农经济是不一样的，它的一个核心是希望用比较少的努力解决比较多的问题。之前我们推进的土地大规模流转在全国各地都面临一些问题，部分资本跑路致使出现了严重的抛荒，农民就去找政府。那后来在上海搞家庭农场，说农民一户200亩。那么一户200亩的话，我们全国耕地不到20亿亩，我们也就只能搞1000万户。但是现在我们还有大概2.2亿户农民，那么剩下95%的农民到哪里去？这确实是一个需要讨论的问题。因为在《城市化的中国道路》中我就提出，起码到2035年，我们的小农经济还会长期存在。

第二，产业升级很重要。我觉得最重要的是要同步处理好环境保护的问题。我们到东莞高埗镇调研的时候，原来的鞋厂搬出来之后，村子的空心化是很严重的。我当时有个想法，觉得我们的中国制造在国际上是非常有竞争力的。我们在国际上是以物美价廉著名的。不过我们的这种价廉物美，实际上是用廉价的劳动力、土地与对环境的牺牲换来的，这种发展我认为是划不来的。大家都想赚快钱、容易的钱，但是有没有相匹配的科技和产业？我们的产业升级、科技进步情况怎么样？这都是需要思考的问题。所以我认为中国制造是换取外汇、发展经济、发展就业的重要东西，我们要注意处理好里面的矛盾，推进产业升级和科技进步。

第三，科技进步是关键。我们要解决卡脖子的问题。没有科技进步，只有中国制造而没有中国创造的话，我们长期扮演的都只是一个“给别人打工”的角色，别人把赚快钱赚容易的钱所赚到的钱都攥在手上，这样恐怕也是不行的。

所以，这就涉及我为什么要提出“三轮驱动的中国式现代化模式”的问题。我认为，小农经济会长期存在，制造业发展又非常重要，其中的关键就是我们基于小农经济长期存在的事实来为我们的社会提供一种稳定的结构，为我们的城市发展提供社会条件，为中国制造向中国创造转换提供基础。假定我们基于小农经济的发展能够获得一种稳定的、安全的社会环境，按照我的话说，就是整个农村构成了中国现代化的稳定器和蓄水池，这样的话我们就能为解决城乡矛盾、阶层矛盾等现实问题提供一种解决思路。改革开放以来，中国保持了高度的稳定。2004年我到美国去的时候，整天都听到“中国崩溃”。当时他们跟我讨论，我觉得中国不会崩溃。这不是根据经验而产生的知觉，而是在中国自身具有特殊性的这一事实的基础上产生的。我认为，中国的一个特殊性就体现在农村。农村保持稳定，中国制造又拥有压倒性的优势，土地、劳动力廉价，中国的整体经济体量又非常大，我们未来又会不断地推进产业升级和科技创新以赚取外汇、积累财富。因此，我觉得这两个东西之所以重要，是因为它用稳定的社会条件、制度条件和财富用于换取中国向上发展的机会，并且推进空间资源的结构性转移。

二、乡村振兴与共同富裕的四个问题

十几年前，国内的经济高速增长，国际环境整体稳定，所以基于小农经济和中国制造所形成的相对稳定的环境，使我们感觉还不是很明显。但是现在来看，美国和中国脱钩的可能性极大，甚至还在积极地筹备区域性战争。在这种外部环境的剧烈变动下，反思中国的发展就非常重要。我个人觉得，这个时候农村本身的稳定，能够给大量在城市就业但没办法在城市体面生活的农民，提供退路、支持和保障，同时也提供养老的空间。而这对于整个中国城市形成回旋的可能就特别重要。所以我就想从四个方面简单地讲一下，和大家讨论，也请大家批评。

（一）对乡村振兴战略总要求可能性的考察

我想给大家讲的第一个问题是乡村振兴战略的总要求。就

20字总要求提出：产业兴旺、生态宜居、乡风文明、治理有效、生活富裕。生活富裕这就没有什么说的，从发布中央一号文件开始，我们就坚持农业增产。但是农民增收到今天为止都是一个大问题，因为我们讲城乡差距，其实就是讲农民收入不够。那么，要怎么增加农民收入呢？我觉得不能靠国家的转移支付，国家转移支付肯定只是前期投入，农村得有产业，你没有产业的话其他都等于零。农村有什么产业？有什么产业链？农业占GDP的比重不到8%，这一比重很小；而农民的比例却非常大。我们今天大概还有5亿农民，占全体人口的35%以上。如果我们按照户籍计算，那么我们的农民人数其实是更多的。为什么要按户籍计算呢？我们今天城市化率超过65%，城市化率的数据是按照居住地来算的。居住地农民进城上学、打工，这些人超过半年时间就算做城市人口，可是他们其实和农村还有千丝万缕的关系，很多人进城主要是为了增加自己的收入，将来还是有可能返回农村。所以只考虑农业的收入是不够的。

我们今天单靠农业收入不够的时候，就会把农业往外扩展，在农业上搞加工，然后利用这个环境和空间，做观赏、农旅、乡村旅游。我们的农业基本就是这个思路，我们学界主流也是这个思路。农民要富裕，就要发展二三产业，日本一个学者命名叫“六产”。那么发展“六产”的时候，我们最重要的方式是把土地租出去，这样的话既可以在土地上劳动，还能通过土地出租促进集体经济发展，获得分红、增加收入。但是算总账的时候，其实是有两个账本的。7%的农业收入的空间是有限的，它不可能让全体农民致富，所以农民以及整个社会对农业的依赖是越来越小的，农民在消费中的占比也是越来越小的。那么发展农旅、乡村旅游、体验农业、全域旅游等等，之前在浙江、江苏等地都搞得红红火火。不过，我觉得这种方式不可能在全国的所有乡村推广。我们花钱投入，但不一定就能吸引游客过来，这样的案例还是很多的。然后我们就做出来一些明星村，比如陕西的袁家村。后续的很多乡村旅游都以它为典型来设计方案。但是有了第一个袁家村，并不代表能有第二个、第三个袁家村。因为旅游资源是有限的，相互竞争的时候需要出奇制胜，而在竞争中就一定会有失败者，而这种失败很有可能影响市场发展环境，进而影响经济的健康。并且，我们的乡村振兴，是国家战略，地方政府投入了大量资源，做出来很多示范工程。但是在这种导向下，很有可能就把许多市场真正愿意做的东西给掩盖掉了。比如，市场最开始打造了一个样本，然后有了游客之后，周边的村寨、乡镇、县城就相互模仿。因为国家投钱投的数量比较多，县里我就用资金来打下去，把它的游客吸引过来，然后这个市场本身可能就倒了。这不是我们期望看到的结果。

那么我就问，如果我们只把产业兴旺放在单个的村落，这有没有可能？我认为非常难。我们有意识地把产业加工放在农村，但是我们其实主要是把它们放在乡镇，你放在村里也不方便。而你放到乡镇去弄的时候，它跟农民的关系也不太大，很多都是资本在做这些事情。农民今天主要增收的空间是在城里打工，他在自己的镇上、县里打工收入很低的，在农村一个月一两千块钱，在珠三角可能五六千块，加班或者技术高一点就更高。而如果是在县城，可能就很难养活自己。所以我这里就有一个问题，乡村振兴增加农民收入的时候，为什么产业只能放在农村？我们的乡村还有许多一家一户的农民没有转移出去。

所以我认为乡村振兴农民增收的主要空间其实还是在城市，我的这个观点也得到了一些经济学家的赞同。很多经济学家测算，到2050年要实现强富美，我们的农业产值只占整个国民生产总值的3%。那时如果农村的劳动力数量超过5%，那么就不可能实现强富美，也不可能实现城乡共同富裕。为什么？因为农业收入超过5%的时候，它还有三分之一的收入，要么是国家补助，要么他进城务工的收入，总而言之是农业以外的收入。所以我认为，现在乡村振兴、共同富裕的一个绝招，就是发展经济，加快推进农业结构的转型，让农民进城。大量农民进城后，剩下比较少的农民，就能获得和农业发展比较匹配的农业收入，不然就很难实现乡村振兴和共同富裕。

但是这样的观点也存在问题，它仅仅把农村看作农业，没有关注到农业农村的多功能性。因为我们的村庄是一个社会，当大量农民进城，把土地集中在农民的时候，我们把农民看成了一个市场主体，但其实不是的。比如，60岁以上的农民是没有法律保障的，很多地方清退农民工，意思是不让他们进城。我当时也写了一篇文章来讨论这个问题。很多人觉得这种做法是保护农民，而我觉得，保护可以，但你又没给农民退休金，年老了还不让农民进城，这其实是很没有必要的。我当时这篇文章还有一定的影响力。其实我理解，地方政府这么做的原因主要是要防止重大事故，尤其是建筑工地的重大事故，毕竟60岁以上的人做这种工作风险也比较大。但是这也在一定程度上剥夺了超龄农民工在城市就业的权利。对于我们今天中老年的农民来说，在城里就业机会不多，可以退回农村，因为生活成本不高。100块钱的养老保险虽然很少，但是对他们很重要，买点油盐酱醋都靠这些钱。

另外，他在家有菜园，在外面打工也能积累积蓄。他有宅基地，住房不花钱；有个三五亩自己的土地，自己种地，身体也好，能从中获得一点收入。更重要的是，他通过这个劳动的过程，让他觉得自己在创造财富，是一个对社会有用的人。在劳动和生产的基础上，他能够介入社会当中，建立起自己的社会关系，这是一个建立社会联系的关键过程。不是说我退休了，或者说我也没有收入，我也没有土地，然后我就是一个消耗的存在，我要靠我的子女或者国家来养我，这个时候他觉得自己生存的价值和社会的意义没有了。从这个意义讲，我们的农业不仅仅是农产品，不仅仅是收入，它产生意义、价值，让农民觉得自己是对社会有用的人。并且，我们的乡村是个熟人社会，在熟人社会里面，关系就是社会资本，他能通过劳动继续维持这个东西。此外，还有两个很重要的观念：一个是"落叶归根"，在城里生活得很好的人，恐怕也愿意回农村，因为他觉得农村有他的好处，当然他要有一定的物质条件，这样他生活就比较便利；另一个是"入土为安"，农民觉得死也要一定死到农村，死到城里就成了孤魂野鬼了。

所以从这个角度去讲的时候，每家20亩的土地，3%~5%的劳动力就差不多。我们如果按上海的家庭农场200亩一户，那么最终我们大量的农民将失去土地，因此最重要的是你要解决这3%的人的问题，让他们的收入和城里差不多。但问题是，我们今天还有大量的，甚至占我们整个人口一半的其他的农民。如果我们为了解决这3%的人的问题，然后把所有的农民都往城里迁移，这时候就会产生一个很麻烦的问题，也就是我们很难保证农民在城市获得就业、获得体面、获得意义、获得归属，他们在城里出现问题的时候可能也没有退路了。因此我认为，目前我们社会结构的弹性还不够强。另外，我们的现代化和城市化本身应该是一个自然而然的过程，我们把农民领进城之后，把3%的农民留在农村的时候，其实我们做的是把农民“赶”进了城里，农民能在城里生活得舒服吗？让农民进城其实是一个人为促进的过程，假设农民在城里能够获得同样的收入，国家给予城乡居民同样的支持。但是我们可能忽略了，农民在农村可以生活得很舒服的，农村给农民提供了大量的经济收入以外的福利。可以说，我们现在农业发展的一个趋势，就是为了3%的农民的收入增加，把剩下的95%或者更多的农民赶进城里去了。那么，这个时候我们就只看到了少数的职业农民和有收入的农民，但是我们最终把农村的问题变成了城市的问题，把我们的城乡二元结构变成了城市内的问题，这样其实更难解决了。所以我在这个方面讲，乡村的产业兴旺目标需要适度。现在大家都想搞乡村旅游，想通过农村的这样一个环境空间来吸引城里人消费，然后来赚钱。可是我们有多大的空间呢？可能也就5%的农村能做。这是不切实际的。

（二）城乡差距与共同富裕

我想给大家讲的第二个问题就是城乡差距与共同富裕的问题。城市化背景下，我们的城乡差距怎么解决？尽管我们的统计数据不显示，我个人认为这几年城乡差距实际上是在大幅度增加的。为什么？很简单，我们农村里面有钱的人进城了，青壮年进城了，老弱病残留下了，他们的收入很有限，这样的话其实城乡差距缩小可能是不大的。

我觉得虽然客观上可能城乡收入差距在拉大，但是这意味着，越来越多的有能力进城的农民进城去了，并把原来农村里的土地、资源和机会留下来；没有办法进城，或者进城找不到合适机会的人，就返回农村，并扩大在农村里的获利机会和经营规模。这样，留在农村的弱势群体可以获得更多的收入机会。我认为，增加的这部分收入对他们特别重要，因为他们是弱势群体，并且农村的经济收入按市场体系来统计的时候有一个缺点，就是农村里的很多收入它是不计入的，比如说我自己有个菜园，种些蔬菜去卖。白菜在城里卖两块钱一斤，但是我自己消费的时候就两毛钱一斤，所以我要到城里生活的成本就很高。因此我认为，城乡差距拉大不可怕，农村更多发挥的是保底的作用。这不是说我在农村就能够获得比在城市更好的生活，而是说我在农村也能活得不差这种状态。假定说为了农业现代化，为了使城乡的收入水平达到一种相对的均衡，我们把城里的强势群体，比如说资本等向农村转移，也就是推进农民进城、市民下乡。看起来城乡收入差距在减少，但是下乡市民收入再多，也是“狡兔三窟”，既有城市，又有农村，能够每个月或者每年到农村去看星星、看月亮，改善自己的生活。可是他们占有的是农民有限的资源，尤其是没有办法在农村体面生活的那部分弱势农民的机会。并且，农民进城了之后，他可能因为缺少竞争能力返乡，但是此时这部分市民就进一步挤占了他们的发展机会，这部分返乡农民可能会生活得更加艰难。这样的话，城乡差距看起来缩小了，但是实际上可能扩大了。

还有一个是养老。你在农村的时候养老不是问题。我们说发展互助养老，以村庄为基础其实是很容易发展起来的，因为村庄里面大家是相互信任的。有一个非常有趣的例子，农村五保户都是孤寡老人，他们是没有子女的，他们60岁的时候可以进福利院，但是他们不愿意。只有一种情况，就是当生活完全不能自理，他才愿意进去。那么，他为什么不愿意进去？因为当他脱离村庄的时候，进了养老院之后，就意味着他的社会性死亡。但是，在农村且身体很健康的时候，他们在农村里种点田，有点人际关系，生活很滋润。

所以我们的共同富裕要看作长期战略，不能亦步亦趋，有些阶段城乡差距扩大不要紧，只要能进一步改善缺少竞争能力的进城农民的生存境遇，从这个意义上讲的时候，我们乡村振兴也好，共同富裕也好，城乡差距也好，我们要目中有人，看到他们。

（三）理性看待城乡增减挂钩制度

第三个问题我简单讲一下土地制度。我们现在搞乡村振兴战略，每个地方政府都做了大量投入。但恰恰因为它是战略，所以在操作中很容易下降到战术、策略，下降到当下每年都要有一个进展这样的具体问题。这在我看来问题很大。比如住建部分了四类村庄，他们每年都要求村庄制定规划。但是我觉得要看比例。这其中有很大一部分比例的村庄会消失，但是什么时候消失、怎么消失，这都是农民自己的选择，你不能够代办。所以农村要怎么建设？又怎么用小钱办大事？这些都是很难的事情。我觉得今天各个地方花了大钱搞基础设施建设，结果后面可能连维护的钱都没有。最后搞得花了大钱，办了小事。

那么，我们要从哪里出钱呢？我们今天特别有趣，好像在这个钱赚到手的市场里，农民有宅基地，农村有建设用地，农民是抱着金饭碗讨饭吃的。这个说法在珠三角当然没有问题，因为珠三角的每一寸土地都工业化了。即使没有工业化的时候，它也可以有一个变成产业的机会。虽然，农地的收入不多，但是它比中西部机会也要多。珠三角附近有那么多的外地务工人员，有那么多的工厂，农民就可以从中获取比较高的收入。当然，建设用地在珠三角就特别的重要。珠三角和苏南有个特殊的词，叫集体经营性建设用地。集体经营性建设用地就是在原来的农地上进行二三产业建设，变成了建设用地。比如佛山南海一亩地可能卖出去几百万上千万。

但是，普通的农地是不值钱的。于是很多人就出主意，说乡村振兴很简单，就把我们的土地变成建设用地。但是这里有个问题，土地管理法规定要保护耕地，严格控制建设用地指标。所以很多人就觉得，我们农村的宅基地特别好，就把它变成建设用地，用宅基地建房子。宅基地很宽敞，比如说我们湖北的宅基地，一户可能有7亩，前面有塘，后面有竹林，旁边还有火场等等。农民进城了，宅基地还空置了，你空那么值钱的建设用地，而我们却又注入了大量的钱到乡村振兴里面，这样浪费了土地资源。所以，我们整个社会从学界到政策部门天天在讨论。

但是这就很奇怪，宅基地是什么？我问过农民，他们说宅基地就是过去土地管理不严的时候，在坡地、荒地、旱地上建的房子，它就是一块不能用的地，你就是把它叫作月壤也不行。我为什么讲到这个点，这个和重庆的地票制度有点关系。我们在重庆调研时，地票制度其实就是农民通过农民宅基地的复垦拿钱，然后城市得到建设用地。但是，我觉得这是不行的。城市建设用地是指标，是国家给的，你干吗去拆农民的房子呢？尤其是重庆的农民，房子基本都在坡上，拆了房子之后复耕，但是一下雨就造成了水土流失，不能住人了不说，更难利用了。所以我们假期就开展了一个调研，发现重庆的抛荒是全国最严重的，我想恐怕有这个关系。指标是什么？指标是国家根据经济发展的需要给你的。今天一些人有不同的想法，说我们通过城乡建设用地增减挂钩，宅基地换建设用地，它其实算是一种转移支付。后来，我们就有同志把它叫土地发展权，还找了法学的、经济学的、土地管理的很多理论依据，好像土地增减挂钩这个制度特别先进、特别重要。然后，因为有了土地发展权这个概念和增减挂钩这样一个制度，农民把房子一拆，把土地腾出来，30万元、50万元就出来了，这样就有大量的乡村振兴的钱了。

但是我认为，这是极其荒唐的事情。土地发展权其实大概是第二次世界大战以后，从英国开始的。因为英国是土地私有制国家，在城市快速发展、产业快速集聚的时期，特定位置的土地上产生了大量的收益。其实这种情况今天我们也可以在中国看到，比如说在广东佛山南海，当你一块地卖到1000万元的时候，那么在这些地方拥有地块的人，他的收入就太多了，那就太不公平了。我们有两种调节方式：一种通过税收，但是你再怎么收税，你不能收99%的税；另一种则是通过土地的规划合理进行建设用地的建设，进而产生巨大的增值收益，然后让这个社会做到激励共享平均化，所以最终是要达到这个作用的。那么，中国的土地制度它有一个很有趣的事情，我认为就是我们比西方先进。当我写了这篇文章之后，就有人问我，你是开玩笑还是真的？我说肯定是真的，怎么不是真的？新中国成立之后，我们经过了土改，我们的土地是公有制，农村土地是集体所有制，土地是生产资料，不是财产。什么是生产资料？就是农民在土地上生产。那么，我要把这个土地征了来搞建设该怎么办？1984年，我们有国企与乡镇企业的时候，那就很好办，在企业里面给你安排一个工作；到90年代的时候没有办法安置了，因为国有企业和集体企业比较少了，那就给你想其他的办法。我们的这样一个土地公有制，实际上很简单，我们是内在已经包含了土地发展权，我们这个时候再画蛇添足搞一个土地发展权就很荒唐。中国制造之所以发达，我认为非常重要的一点在于它廉价的土地资源。你要是没有土地使用权，我们公有制这样一个集体优势的实现其实也是非常困难的。今天我觉得对土地的理解越搞越复杂，复杂了之后我们大家都不知道应该先走哪一步。我们都以为，最重要的是通过农民宅基地来激活土地发展权，然后我们就可以产生几十万亿元的财富，然后再用这个钱来搞乡村振兴，我认为这个事情太荒唐了！

（四）今后怎么办？

第一，我们改革开放40多年的经验，首先就是要让农民安居乐业。说农村就要说美好生活，你先做到不那么美好，但还不错的生活也很重要。我们今天人均收入只有美国的六分之一，在科技卡脖子、赚取血汗钱的情况下，大家想一步登天，过上美好生活，这是没有可能的。那么我们就先要保证我们不那么美好的，但是还不错的生活。我觉得我们农村不能好高骛远、一步登天，我们先保持一个小康的农村，先保证农民的基础设施、收入、养老、基本文化、家庭的稳定等等，比大量的资金直接投入强富美的领域要现实得多。我觉得总书记说得很清楚，因为我们要到

2050年才能达到强富美这个目标，如果今天就想达到，我觉得过于激进了。反过来说，农民其实也是向往强富美的，那我们怎么满足他们呢？我认为我们所有的城市机会都应该向农民开放，让农民进城，用市场调动农民的积极性，有技术、有劳力的农民，就会进城，就能成为城市人，体面生活；竞争力没那么强的，他还有退路返回农村。我们一定要给农民保留退路，我们不能为了农业的强富美而让农民没有退路了，未来30年农民要是没有退路就是最大的问题。话再说回来，只要农民有退路，他就算没有那么好，但是也比城市贫民窟好多了。他的家庭是完整的，自己养老的问题可以解决。这样的话，就算世界形势风云变幻，也能稳住我们发展的一个中心。

第二，我们今天的外贸出口订单的断崖式下降，可能导致企业倒闭、农民工没有工作。然而，不管是2008年全球金融危机的时候，还是疫情防控期间，农民有退路可以回去另谋生计。我刚才说东西部地区的县城其实是要按东部地区的城市的发展逻辑来的，它的重心是房地产。那么，它搞建设的钱从哪里来呢？我认为一部分来自农业，一部分来自农民在沿海打工赚的钱。农民的人生大事之一就是娶媳妇，而娶媳妇不买房子是不可能的。但是一栋房子五六十万甚至上百万会导致什么样的结果呢？就是农民买不起。今天农民买房就得还贷款。过去农民不需要还贷款，没有这种压力，但是今天农民的这个压力已经很明显了。那问题就很严重，不过我们相对于其他的国家还要好一点。那么我认为，我们要从制造业入手。中国制造尽管技术相对低端，主要做一些加工装配工作，但是我们还有制度优势、勤劳优势、土地优势等等，而我们今天最有竞争力的或者说换取外汇的最大来源还是制造业，还是农民工在我们的加工装配行业里面赚的血汗钱，这个钱非常重要，我们不能随意挥霍，不能随意搞各种建筑、搞各种示范、搞政绩工程。我们要集中起来进行技术攻关、产业升级。虽然在美国的围堵之下很难，但是我们还是得做。也正因此，要继续保持农村发展的韧性，搞个二三十年，为我们中国的科技进步和产业升级提供缓冲的空间。当我们自己能够掌握价值链高端的核心技术时，我们再反过来改造我们的效率。

另外，我们现在的一个最大问题，就是农业学苏南、乡村振兴学浙江。我认为这是不够科学的，也不太实际。强富美没有问题，但是今天就要搞强富美，就算是搞示范，我都很不同意。比如说，苏南的农民早就不种地了，尤其是苏州那边，它的土地全部都是集体收回去，然后转租给大户来种的。浙江现在也有一些县面临着巨额负债的现实问题。苏浙的经验对于中西部来说，价值还是比较小的。

所以我建议，我们还是要稳健一点。我以前提了一个概念叫保护性城乡二元结构，继续倡导所有的城市机会都向农民开放，但农村则有限地向城市开放，尤其是资本、市民等等的这样一种思路。其实我们讲城市资本，它最主要的就是用货币化的房产去换农民的，每个市民到农村去了之后都觉得是自己非常富有。所以这个时候，我们保护性的建设对于充分推动市场要素的充分流动和利用是非常重要的。当市场越是市场的时候，越需要有一个社会来保护它，而我们乡村振兴就是要建立一个保护性的、能够为弱势群体提供退路的农村。那么，当保护性的社会和高度发展的市场之间能够形成相对稳定关系时，我们的中国式现代化和中华民族伟大复兴就一定能够实现！

罗必良

小城镇，大战略——以乡村“镇”兴推进乡村振兴

主讲人简介

罗必良，华南农业大学文科资深教授，国家农业制度与发展研究院院长、教授、博士生导师。兼任广东经济学会会长、国务院学位委员会农林经济管理学科评议组成员、国家自然科学基金与国家社会科学基金学科组评审委员。主要研究领域为农业经济、产权理论、制度经济。先后主持各类科研课题100余项，获得各种科研成果奖励60余项。迄今出版著作50余部，发表学术论文400余篇。

党的二十大报告明确指出，全面建设社会主义现代化国家，最艰巨最繁重的任务仍然在农村。要坚持农业农村优先发展，坚持城乡融合发展，畅通城乡要素流动。我国的发展不平衡不充分问题主要表现为城乡发展不平衡、农村发展不充分，而乡村振兴战略作为新时代“三农”问题的总抓手，成为破解城乡发展不平衡、农村发展不充分的重要手段。城乡融合与乡村振兴战略相辅相成的内在关系，决定乡村振兴必然要推进城乡融合。并特别强调要推进以县城为重要载体的城镇化建设，坚持城乡融合发展，畅通城乡要素流动。

广东是我国先发地区，是全国经济大省。只要对广东稍有研究的人都听过这么一句话，“最富的地方在广东，最穷的地方也在广东”。这句话可谓是对广东区域发展不平衡或区域差异明显的经典概括。在某种程度上甚至可以认为，广东就是中国的一个缩影：珠三角相当于中国的东部沿海地区，而粤东西北地区则相当于中国的中西部地区。就广东而言，区域发展不平衡与城乡发展不平衡，在很大程度上是由县域经济发展不足造成的。其中，县城尤其是粤东、粤西、粤北地区县城发展的滞后，是问题的关键。解决广东的发展不平衡不充分问题，强化广东经济发展内循环的活力，必须高度重视以县城及中心镇为载体的新型城镇化的引导性作用。县域稳则大局稳，县域强则省域强。如果说省域经济发展是一幢高楼，县域经济就是高楼的基桩。作为省域经济的坚实支撑，县域经济体系和产业布局能级的高低，深刻影响着区域经济发展整体效能。县域经济就是乡村经济，就是农民经济。

没有镇域增长极与产业集群的生成，没有县域经济的振兴，难以全面实施乡村振兴战略。必须跳出乡村谋划乡村振兴，以乡村“镇”兴促进县域经济振兴。

一、问题与机遇

（一）广东的短板

国家统计局的数据表明，2019年，江苏省城镇居民人均可支配收入41400元，农村居民人均可支配收入22675元，城乡差距为1.83∶1；浙江省分别为49899元和29876元，城乡差距为1.67∶1；广东省分别为39014元和18818元，与江浙两省相比，不仅农民收入明显偏低，而且2.07∶1的城乡收入差距也明显偏高。经济最发达的广东，城乡居民收入比“高高在上”，主要原因在于，经济发达的珠三角与经济相对落后的粤东西北同在，工业化、城市化、现代化水平较高的珠三角常住人口相对较多，拉高了广东城镇常住居民人均可支配收入水平，放大了全省城乡差距。

通过对比广东与江苏2021年经济数据可以得出，广东21个地市经济发展严重不均衡（GDP最高的深圳与GDP最低的云浮，两者GDP比值为27∶1），江苏13个地市经济发展较为均衡（GDP最高的苏州与GDP最低的宿迁，两者GDP比值为6∶1）。广东的深圳、广州、佛山、东莞四市GDP超万亿元，深圳更是超3万亿元，而排在最后的云浮、潮州、河源、汕尾却都在1300亿元以下。与此同时，江苏百强县数量以及GDP超千亿的百强县数量更是碾压广东，百强县数量25：1。

之所以如此，一个重要的原因是广东县域经济发展乏力。而广东县域经济发展不足的原因，主要有以下几个说法：

第一，广东“撤县设区”较早，且规模较大。2000年以来，原广州的番禺、花都、增城、从化，佛山的顺德、南海、三水、高明，惠州的惠阳，珠海的斗门，江门的新会，清远的清新，肇庆的高要，梅州的梅县，揭阳的揭东，汕头的潮阳、澄海等十几个经济实力都不错的县变成了区，自然不会在百强县的排名中出现。

第二，广东区域经济发展确实不均衡。广东珠三角地区的经济总量占全省总量的80%以上，而广大的非珠三角地区只创造了广东20%的GDP。部分非珠三角地区的市县，甚至比内地的市县还要弱，以粤西北云浮市为例，其GDP低于临近的广西梧州市。

第三，广东头部企业更强，但极少分布在县域。《财富》世界500强企业，广东有17家，江苏只有3家；中国企业500强，广东、江苏分别有59家、44家；民营企业500强，江苏有92家，广东只有51家，在民营经济发展上，江苏呈现碾压态势。江苏尤其苏南以乡镇企业为代表的农村工业化，对全省域经济发展做出了重要贡献，充满活力的民营经济与外向型经济的有机结合，实现了对广东的赶超式发展。

第四，广东的地形地貌和交通网络不占优。地形地貌、自然资源、交通网络等对县域经济影响较大，在这些方面，广东均不占优。首先，地形地貌方面，广东是“七山一水二分田”，江苏是“一山二水七分田”；自然资源方面，两者旗鼓相当；交通网络方面，中国交通运输现代化指数，江苏第一，广东第三，高速公路密度，江苏第一，广东第三，高铁密度，江苏第五，广东第十二。

结合我们团队的研究分析表明，在2018年各省GDP总量中，浙江的县域经济占到66%，江苏为66.8%，广东仅为31.5%。据估算，如果将这一比重提高到六成以上，至少能够为广东GDP贡献三分之一的增量。短板就是潜力，县域经济蕴含着极大的发展动能。因此，广东必须大力补齐县域经济的短板。

（二）可能的机遇

城市化被视为推进经济增长的发动机。我国2019年的城市化水平达到60.6%，但已出现了城市化速度放缓的新趋势。国家统计局的数据表明，2008—2019年我国农民工的年均增长率为2.35%，但2016—2019年的年均增速减缓为0.96%。尤其值得重视的是，2008—2019年外出进城就业的农民工年均增长率仅为1.99%，本地就业的农民工年均增长率则为2.93%。2019年在珠三角地区就业的农民工为4418万人，比上年减少118万人，下降2.6%。从而表明，农村剩余劳动力已经从进城务工转向就地就近转移。农民外出务工增速的减缓，尤其是异地进城务工与就地非农就业形成的反差，为县域城镇化，特别是以县城为载体的农村城镇化，提供了新的机会，拓展了新的机遇，并由此为乡村振兴带来了契机。

广东县域经济有着巨大的发展空间，主要体现在以下几方面：

第一，粤东西北的城镇化率还有较大提升空间。广东的整体城镇化率为75%，在除直辖市外的各省区中位居第一，但广东21

个地市，珠三角和粤东西北之间不仅经济发展差距大，城镇化率的差距也比较大。粤东西北有11个地市城镇化率低于60%，有4个地市城镇化率低于50%，远低于全国平均水平。

第二，后工业化发展阶段的去中心化发展趋势显现。后工业化发展阶段，显现出一定的逆大城市化和乡村城市化的去中心化及一二三产业融合发展的趋势和特征。过度的工业化和商品化逐渐让人认识到自然属性原有的价值，并产生对绿色经济和可持续循环经济的呼唤，乡土乡村的价值被重新发现，乡村自然被重新赋予了新的价值。同时，原有城乡之间生产和消费的场域空间被重新界定。传统的乡村和城市群边缘地区已经不再是仅仅作为生产资源的供应地和生产地，而是成为高度城市化区域经济一体化的后花园和消费地。这就为发达地区边缘区域经济在新形势下的均衡发展和乡村振兴提供了可能。

第三，广东和江苏的经验均表明县域经济壮大的机遇始终存在。从广东和江苏强大的区（原县市）县的成长壮大过程看，县城和乡镇城市化发展路径的多元性与可能性彰显了县域经济极为可观的发展潜力。如果能够夯实产业基础，突出特色，建立优势，一座城市崛起、壮大的机遇始终存在。粤东西北的县域需要与珠三角城市走差异化发展道路，发展基础工业、现代化农业（工业化的农业）、旅游业等。

第四，广东正在构建更有利于县域发展的政策环境和营商环境。广东省委十三届二次全会强调，要突出县域振兴，高水平谋划推进城乡区域协调发展，实施“百县千镇万村高质量发展工程”，大力推进强县促镇带村，深入推进城乡融合发展，扎实推进城乡面貌改善提升，强化政策机制支撑，发挥好基础设施先导作用，推动城乡区域协调发展向着更高水平和更高质量迈进。

第五，四通八达的交通网络和领先的5G网络设施使得粤东西北地区不再孤立。2021年11月27日，韶关机场正式通航，广东“3+4+8”民用运输机场布局加快形成；12月11日，赣深高铁开通运营，广东实现市市通高铁。按照规划，2025年广东铁路运营里程预计达到6400公里，其中高铁运营里程（含200公里时速以上城际铁路）预计达到3400公里。12月16日，阳茂高速改扩建项目正式通车，广东高速公路总里程突破1.1万公里，按照规划，到2035年高速公路总里程将达到1.5万公里。另外，根据广东省交通运输厅公布的数据：全省农村公路通车里程达18.36万公里，农村公路密度101.6公里/百平方公里，以县城为中心、乡镇为节点、建制村为网点的交通网络初步形成。广东省2022年大力推动5G网络建设和行业应用，实现珠三角5G广覆盖和粤东西北市县城区5G全覆盖，使得粤东西北地区在数字经济和电商经济发展中与珠三角地区齐头并进。

第六，粤东西北地区留住本地人才以及吸引高水平高净值人群回流的条件已具备。县城和乡镇的道路交通、住房、饮水等公共基础设施，教育、医疗、卫生服务和养老等社会保障体系已经基本建成。政府普遍提供优惠的土地政策和贷款政策，以调动企业发展的积极性；出台优惠政策吸引外出人员尤其是接受高等教育并留外的人员回乡创业和就业。另外，深圳、广州等大城市对新生代的发展并不“友好”，有研究显示，从零起步的普通家庭在深圳能够负担首付购房所需的时间是9~33年，仅房贷压力就已成为年轻家庭生命周期内的沉重负担。但在粤东西北的县城和乡镇，住所、交通、生活等各方面的生存压力将大为缓解。

第七，以广东农村商业银行系统为代表的区域金融服务强力支撑。广东农村商业银行系统在广东每一个县市都设有法人实体，网点覆盖省域每一个乡镇，以“支农支小”“服务三农”的定位和初心，全力支持农村、农业、农民和小微企业，扎根当地、服务城乡，为广东县域（县城、乡镇、乡村）的经济和社会发展提供无可替代的金融服务。

二、县城的载体性作用

县域不仅是一个地理空间单元，也是一个经济社会单元。我国幅员辽阔，人口众多，经济社会体量巨大，超大规模性是我国空间范围、人口结构、资源禀赋与经济社会的鲜明特征。立足于超大规模的基本国情，我国是通过中央、省级、市级、县级、乡镇、村级等多个行政层级来开展社会治理的，其中，县级及其管辖的乡镇、村庄共同构成了县域地理空间。从发展区位来看，县域为国家产业结构升级提供了重要的载体，也是实现经济高质量发展的区域经济枢纽。从经济动能来看，县域经济既是城镇经济与农村经济的结合点，又是工业经济与农业经济的交会点，更是宏观经济与微观经济的衔接点。可以说，县域经济作为国家经济核心单元和城乡统筹发展的联结枢纽，对我国国民经济发展与稳定起着核心支撑、固本强基的重要作用。

当前，我国经济已由高速增长阶段转向高质量发展阶段，正处在转变发展方式、优化经济结构、转换增长动力的攻坚期。实现高质量发展，推动区域协调发展，建设现代化经济体系，实施乡村振兴战略，基础在县域，难点在县域，活力也在县域。基于此，县域发展即是指在中国经济社会体系中，县级及其所辖区域的经济、社会、政治、文化、生态发展状况，其发展状况因其人口和空间特征而构成了整体发展的“基本盘”。当前县域面积约占全国面积的93%，县域人口约占全国人口的74%。县域经济既是经济社会发展的“压舱石”和“推动器”，也是经济发展崛起的主力军以及新旧动能转换的主战场。

以县城为代表的小城镇是连接农村和城市的桥梁，也是推进城乡融合发展以实现乡村振兴的关键主战场。城乡分割、对立的历史形态突出了县城在城乡融合发展和推动乡村振兴中所具有的天然优势和独特价值。从地理空间来看，县城是城镇地区和乡村地区的汇通地带，社会结构性互动频繁、城乡联系密切；从经济功能来看，县城是农产品的第一级市场（产地市场），也往往具备一定的工商业基础，为城乡产业融合和乡村产业振兴提供了优良条件；从行政治理来看，县城长期以来便是国家治理的基本单元，处于承上启下的重要位置，具备较强的统筹协调能力。总的来说，县城作为城市和乡村、工业和农业、国家和社会的联结点，以其为载体推动城乡融合和乡村振兴，较之于其上的省市和其下的乡镇更具稳定性和发展优势。

在我国快速城市化进程中，已经出现超大城市“城市病”凸显而中小城市发展动力不足的问题，不仅影响我国经济发展效率，也导致区域发展不平衡的问题。强化县域城镇的增长极作用，做强做大县城与中心镇，不仅有助于建立新型的工农城乡关系，推进乡村振兴，而且有助于农民就业增收并扩大内需。数据分析显示，农民在本地的非农就业，会使其家庭消费总额比纯务农家庭高出15.5%~28.2%。具体而言，应从下述几个方面来具体推进：

一是以县城中心镇为载体吸引人口就地转移，推进农业规模经营。较之于大城市，县城的低准入门槛（如房价与生活成本）是农村人口城镇化的核心目标地。同时，县城与田野乡村紧密相连，不仅可以避免人口远距离迁徙的社会文化风险（如语言距离形成的交易约束），有助于农民融入城镇，而且能够在农忙时期兼顾务农与务工两类活动，缓解人地关系，从而有效降低农地被弃耕和抛荒的可能性，提高耕地资源的利用效率，既形成县城的聚集经济效应，又盘活农村土地承包经营。更为重要的是，农民就近转移有助于农民企业家的成长，助推农民合作社、家庭农场等新型农业经营主体培育，健全农业专业化社会化服务体系，发展多种形式的适度规模经营，更有利于小农户融入分工经济并推进现代农业的转型发展。

二是以县城中心镇为载体诱导要素流动，唤醒农村“沉睡资源”。囿于“城—乡”之间的空间距离和交通条件等制约，以往农民进城务工与异地流动，未能释放农村宅基地的置换整合潜力，其乡村的宅基地往往处于低利用率甚至是完全闲置状态，导致普遍的“空心村”现象，造成严重的土地浪费和社会安全隐患。据统计，2017年广东省农村居民点用地面积为831175公顷，宅基地占比70%左右，约12%~15%处于闲置状态。依托于“县—乡”之间地理位置邻近优势，以及本地投资的低交易成本和交易风险，推进县域经济特别是县城工业与非农产业的发展，可以扩大建设用地需求，从而加速宅基地的置换和整合。不仅有利于提高建设用地利用效率，也有利于农民财产性增收。

三是以县城中心镇为载体集聚人力资本，促进乡村经济业态转型。县域经济的发展能够创造出充分的就业岗位，吸纳农业剩余劳动力就近工作，避免优质劳动力资源的外流。对具有务工偏好的劳动力而言，就地城镇化，县城工作不仅能够获得较高的经济收入，享受城镇生活的便利与舒适，也可以兼顾家庭责任，如家庭赡养老人和教育子女，因而具有较强的吸引力。因此，县域发展可以保障农民生计可持续、维护社会安定。更重要的是可能激励具有企业家能力的主体发现县乡两级潜在的投资机会，吸引具有企业家能力的主体“进县下乡”投资，有效组织各类资源投入农业加工服务业，促进农村三产融合发展，在保障农产品供给的同时，促进人文、生态、休闲、康养等多元价值的开发与产业化，从而分享农业功能性增值收益。

四是以县城中心镇为载体推进城镇化，提升人民宜居安全感。城市化是人类应对贫困、发展经济、改善民生并共享文明成果的重要路径。以集聚性、规模性、连通性为特点的大城市，成为所有国家与地区谋求经济增长与国民福利的战略性选择。但是，大城市虽具有规模经济的比较优势，但也为传染病的蔓延提供了温床，从而具有脆弱性和易损性。一个有效率且能够规避风险的新型城镇化模式，应该是既能够化解疫病风险，又能够分享聚集经济红利，同时有助于促进乡村振兴与城乡融合的发展模式。因此有必要改变以往单纯由经济效率思维所决定的大城市化模式，将中小城镇融入都市圈体系，做强做优以县城为载体的农村城镇化，提升城市宜居安全感。

“做大”县城必须有效动员城市和乡村两方面的积极性，积极整合二元区域的资源优势。一方面，对接城市。作为城乡衔接地带，特殊的区位优势可以依托大城市资本优势，承接城市产业转移，融入城市产业链和价值链，创造就业机会，释放农民近距离非农转移的发展权利。完善交通、医疗、教育、住房和绿化等基础设施和服务，建设成为社会服务体系健全完整、生态环境优美舒适的宜居城市，吸纳向往低密度人口生活的城市居民、不具备大城市购房资格或支付能力的务工人员，以及向往城镇生活的农村居民前往安家落户，聚集人力资本，储备经济发展所需的人口红利。另一方面，对接农村。畅通农产品的市场之门，发挥县城既临近农产品产地，又临近城市消费者群体的优势，构建农产品交易市场和县城农庄，利用县城工商业基础发展农产品加工业和服务业，积极拓展农业价值属性和多元功能，建设以县城为核心中枢的城市高质量农产品供应基地，壮大县城经济发展规模。

三、以县城为载体推进乡村振兴的主要抓手

农业、农村和农民是我国县域经济社会结构体系的重要组成内容，县域经济的发展深嵌于“三农”的发展之中，同时也带动农业、农村的长期发展。县城作为连接城市和乡村的中枢与纽带，在驱动区域经济增长和引领农业农村发展中发挥着龙头作用。推进以县城为重要载体的城镇化建设，不断完善县域资源整合机制、党建引领基层治理机制、城乡融合发展机制，是在中国式现代化进程中实现乡村振兴的有效路径。

推动县域经济，县城是最关键的抓手。如果仅改造村庄，镇可能面临衰败，县的活力又不充分。加快发展县域经济，实际上是“题在其外，意在其内”，是实现乡村振兴的一把“钥匙”，可以有效解决乡村振兴进程中动能不足、缺乏突破点等一系列痼

疾。因此，要依托县域城镇化，打造新型工农城乡关系，推进乡村振兴，不仅要打破二元体制下城市偏好的外生性制度障碍，还要化解农村本身的内生性制度约束。在城乡融合发展中推进乡村振兴，必须稳住农业基本盘，挖掘农村潜在优势，拓展乡村发展空间，激活村庄发展动能。

（一）建城引人：打造“城—镇—村”三级联动的增长极

合理布局“城—镇—村”是发展县域经济的关键。发展县域经济，全面推动乡村振兴，当然不只是发展县城，而是基于地理、人口、交通及经济等因素下的县城、中心镇和中心村的优化布局，避免县域范围内的城乡分割与发展不均衡。

提升县域整体发展水平是县域范围内实现融合发展的基础。要发挥县域作为与城市地理空间和产业空间最为接近的经济单元优势，充分承接城市对农村的辐射带动作用，引导城市产业链梯度转移和延伸，提升总体发展水平。通过农民就近就业创业、发展县域富民产业等政策设计，吸引资本和劳动力回流，增加县域核心区公共服务供给，使各类生产要素发挥出更高的配置效率。做大做强县城，要改变传统农业“一家一户”式分散、小规模经营格局，形成聚集经济与规模经济，提升县城的区域辐射力与溢出效应；打造专业镇与中心村，优化城、镇、村一体化的功能布局与产业分工，形成“一城一特、一镇一业、一村一品”的城乡联动网络，构建具有区域比较优势的县域城乡融合发展机制。健全县城、中心镇与中心村的生产性服务与基本公共服务体系，实现农业高质高效、镇村宜居宜业、农民富裕富足。

具体而言，在土地利用上，以县域为单位，锁定土地总量，开展全域综合土地整治，适度合并零散村庄、空心村，打通集体经营性建设用地与宅基地的利用通道，允许建设用地指标县域范围内交易，并向县城、中心镇、中心村集中，支持乡村新产业新业态和返乡下乡创业。在人口落户上，开展新型城镇化综合试点，加大人才住房、廉租房的建设力度；放活人口流动，在择业上鼓励竞争，在保障上努力实现公平，逐步落实“居者有其权”“业者有其权”“住者有其权”的城乡同质政策。在城市建设上，基于集中发力的原则，在县城选定重点区域范围，将城市的商贸、文化、生态、城乡建设有效融合，“城旅一体”发展，以“有品质”的城市生活供应为重点，打造对年轻人有吸引力的“落脚城市”。

以县城为抓手发展农业规模经营，不仅“一村一品”更容易形成，还可能培养、吸引一批懂农业、知农村、爱农民的能人、农业职业经理人、农业企业家，甚至会涌现出一批农业产业园，让小农经营也能融入产业链条，既能提高抗风险能力又能改进产品质量。以县城带动人及各种要素的集聚，以地动带动园区的规模化，以园区的集群化对接城市产业链网，县域经济才可能融入现代经济的分工体系。

县域经济是民生经济。要提升一个地方的经济发展稳定性、改善一个地方经济发展的活力，尤其让老百姓分享发展的成果，县域经济都扮演着不可替代的角色。

（二）就业留人：构建开放、联动、园区化的产业体系

以县域经济发展助推乡村振兴的重点工作之一，是加强对县域范围内各类要素的统筹整合。县域范围内具有相对完备的经

济体系和较为丰富的资源要素，其经济结构既包括城镇又包含乡村，产业体系涵盖生产、分配、流通、消费各个环节。在巩固拓展脱贫攻坚成果同乡村振兴有效衔接的工作中，实现县域内经济、文化、社会、生态、产业的融合，不断优化农业生产效率，保障农户就业，打造规模经济效益，是高质量推进乡村振兴的重要途径。

建立县域资源整合机制，一是加强资源整合，促进城镇化与村庄建设协同发展，科学规划各类资源向中心城镇等特定地区的投入，形成有效的政策导向，使得尚未实现城镇化的农民能够集中享受相对均等的公共服务，在推进集群化发展中实现规模效益。二是加强信息整合，从县域层面建立农户信息监测系统，通过动态监测和数据比对识别返贫风险；通过收集产业信息和市场信息，加强对农产品的市场预警、形势分析、技术推广等，优化农业生产经营，提高农业产业抗风险能力，提高农户收入。三是加强产业整合，充分发掘、发挥地域资源禀赋，调整农业产业结构，形成优势特色明显的规模化产业；建立易地扶贫搬迁后续帮扶产业园区，发挥企业对搬迁人口的就业帮扶，减少就业不稳定导致的返贫风险。四是加强人力资源整合，精准对接供给侧和需求侧，开展适合农村人口的职业教育和创业培训，发展多渠道灵活就业，提升农户自我发展的内生动力和能力，提高农业农村发展活力。

在产业开放性上，重点是对来自城市的创新创业要素（人才、资本、技术）持开放态度，释放农村土地制度改革红利。以促进流转集中、扩大经营规模为目标，合理引入工商资本，扩大农用地产权结构及农业发展的开放性。有序扩大宅基地产权结构的开放性，逐步打通市民进村通道，支持大学生、退役军人、企业家等到农村干事创业，积极对接城镇业态转型。在产业联动性上，县域城镇化的关键是发挥县域城镇作为“农头城尾”在城市和乡村、农业与非农产业之间的重要节点作用，以县域城镇化为路径，科学规划，推进城乡功能的融合、互促与互补，促进城乡以及城市等级体系的产业融入分工体系，促进城乡产业联动，实现从县域经济到镇域经济再到村庄经济的全面振兴。鼓励和引导龙头企业补链强链，通过延伸产业链、打造供应链、提升价值链，加快健全现代农业全产业链标准体系，形成具有高附加值、安全可靠的产业链供应链，让农民共享增值收益。基于集群效应按照园区化驱动要求推进乡村产业、人口集聚。历史的经验和现实已经证明，分散的、细碎化的、小规模的产业格局既难以获得规模经济与分工经济，也难以做成品牌获得市场整合和声誉效应。所以在园区型发展上，要以城带人动，以人带地动，推进土地集约化经营、产业园区化发展。立足县域布局特色农产品产地初加工和精深加工，把产业链主体留在县城或专业镇，通过农业园区建设带动农地流转与农业规模经营，通过产业园区促进建设用地集中拉动企业集群发展。由此以县城为核心构建不同类型产业功能组团，在布局上功能成团、产业成块、基地成片、辐射成圈，在景观上构建各具特色的靓丽风景线，促进城乡经济社会一体化发展。

（三）民生安居：以“教育—医疗—生态”公共服务建设为重点

城乡融合发展具有必然性，社会分工和企业内部分工的相互作用也决定了产业融合的形态。县域是统筹新型城镇化建设与乡村振兴的战略支点，在县域内形成融合发展格局是从农村治理转向城乡治理的重要体现，能够提高产业链价值，进而提升县域经济发展水平，增进人民福祉。基础设施和基本公共服务的均等化是县域范围内实现融合发展的关键。应突破基础设施和公共服务的体制障碍，促使更多县城基础设施与公共服务向农村地区延伸，推动县城与乡镇公共服务建设和管理一体化，形成县城与农村地区要素资源双向流动的良好格局。在完善好交通设施、供水网络等市政设施体系的基础上，构建县域农村基础设施统一规划、统一建设、统一管护机制。推进基础设施数字化改造，实现数字技术赋能水、电、路、气、邮政通信高效管理。完善社会保障制度，扩大教育、医疗、养老、文化等资源覆盖范围，增进公共服务供给。以政府指导推动产业链延伸，形成产业新业态，提升农业产业链、价值链、供应链水平，融合一二三产业建设富民产业集群，建设现代化金融和劳动力市场，推进分工和协作，形成县域内城乡一体化发展的新格局。

在有限的条件下，以民之所望为施政所向，提升重点民生工程。第一，形塑“教育高地”吸附力。一方面，在县城、中心镇与中心村合理布局高质量中小学校，实施名师名校教育工程，让县城成为年轻父母没有后顾之忧的“求学”城。另一方面，完善中高等职业教育培训学校或基地建设，为县城及周边乡村年轻人提供良好的职业教育，为县城产业发展提供人才支持，实现人力资本提升和产业转型升级的良性循环。第二，提升“医疗健康”吸附力。健康是幸福的基础，也是生产力。多措并举加大对县、镇、村医院、卫生所、保健站的投入，加强县镇基层医疗机构建设和技术服务力量，减少城乡居民在养老抚幼健康医疗问题上的担忧，多一份安全感和温暖感。第三，提升“生态容量”吸附力。打造美丽乡村，通过农业分工深化、乡村旅游、民俗休闲、生态康养，发展共享房屋、共享庭院、共享村落等共享经济形式，打造乡村振兴新业态，拓展乡村投资空间与就业容量。

今天我们齐聚塘口，塘口镇资源丰富、景观多样，潜力可观，可以打好农业特色牌和休闲康养牌。通过推进人口聚集（农民进城、商旅留城、教育聚城、园区兴城），走新型城镇化道路，推进城乡一体化发展，走好乡村振兴之路；将农业观光、风味小吃、森林游憩、古堡休闲、山水度假、温泉康养等连为一体，走高端服务业的路子，走好农旅结合路。没有镇域增长极与产业集群的生成，就没有县域经济的振兴，难以全面实施乡村振兴战略。所以，必须跳出乡村谋划乡村振兴，以乡村“镇”兴促进县域经济振兴。

李小云

以现代化的路径推动乡村振兴

主讲人简介

李小云，中国农业大学文科资深讲席教授，国家乡村振兴研究院常务副院长，全国脱贫攻坚先进个人，享受国务院特殊津贴专家。在贫困研究、农村发展研究、性别与发展研究、国际发展与非洲发展研究等领域有着广泛的影响力。多年来在中国云南、湖北，坦桑尼亚等地开展基层扶贫工作，创造了大量扶贫方法、理论、模式。发表中英论文200余篇，出版了《发展援助的未来》《贫困的终结》《公益的元问题》等20多部著作。

大家好，我是李小云。乡村这个话题是我们这个时代的重要主题。我今天讲的题目是《以现代化的路径推动乡村振兴》。我结合我自己的实践，说说为什么我们今天有这样的一种热度来关注乡村问题。

一、中国乡村问题的特殊性与复杂性

（一）中国乡村问题的特殊性：被动的现代化

第一部分我跟大家交流的问题是中国乡村问题的特殊性和复杂性。昨天晚上我到了广州，住在白天鹅宾馆，我选择住在那里是有些想法的。第一，它是中国改革开放以来第一个由香港爱国人士，也就是我们讲的海外投资的，它有象征意义。第二，白天鹅宾馆的所坐落的区域，在我们中华民族的历史上，有着非常重要的意义。可能有些人就觉得我讲这个离主题很远。

任何一个主题的切入都要有特定的语境，而特定的语境恰恰是把握主题的基本条件。1842年《南京条约》签署以后，广州是首先被打开门户的。1842年的《南京条约》意味着中国被动进入现代化。这是中国乡村问题特殊性的历史语境。

中国的现代化是在一个被动的语境下展开的。中国被动进入现代化意味着两个问题：第一，它与原发性现代化国家，比如英国不一样，英国是一个原发性工业化国家，工业革命最重要的力量不是贵族，而是地主。他们在英国的乡村建庄园、圈地。工业化开始以后，他们把资本拿到城里去，建工厂。这些地主有一个最大的特点是他们没有离开乡村。第二，英国在工业化之前的16世纪到18世纪的200年间发生了农业革命，先有农业发展，然后推动工业化，所以英国是世界上第一个通过农业原始积累发展工业化的国家。这与中国在清末以后进入现代化的历史条件是不一样的。

与此同时，我们的城市的进程也是被动的城市化，而且不是与工业化同步的城市化。城市一开始是服务于殖民商业活动，以后慢慢有了民族工业。工业起来以后，城市就开始了虹吸作用，城市化的虹吸首先发生在长三角地区和珠三角地区，像常州、宁波和杭州、上海周边乡村，大量人口进入城市，几十万人口进入城市，乡村开始凋零。

中国的现代化是在农业没有完成工业革命下进行的，中国的农业还是内卷化的。同样的土地要支持更多的人口，但却没有实现技术变革。乡村没有实现技术变革的时候，就要求不断增加劳动力，造成了精耕细作。没有一个现代化的国家，它的主要人口是生活在乡村的；没有一个现代化的国家，它是以农业为主体的。凡是人都在乡村的国家，一定是个落后的国家。到今天为止都是这样。所以反过来讲，凡是乡村做得好的、农业现代化的国家，它一定是发达国家，这叫城乡融合。

西方资本主义打开中国的大门，打破了中国长期以来的封闭自守的自然经济状态。那么这样一种自然经济状态被打破以后，会出现什么问题？答案是廉价工业品进入，直接影响我们的传统手工业，因为传统手工业成本太高了。比方说丝绸，日本的丝绸进来以后就直接影响到长三角地区的过去传统的工业。

我们以前的乡村其实很难说是丰衣足食，大家不要把过去的乡村描绘成一个田园般的存在，这是一种想象。我们在历史上没有进行乡村的现代化改造。农业没有实现带有根本性的技术革命，但人口不断增加，使得乡村不断地内卷。

（二）中国乡村问题的复杂性：乡村价值洼地与紧缩型现代化

接着，我要讲中国乡村的复杂性。孙中山看到中国落后的原因是工业化的落后，于是提出，中华民族如果要强大起来，必须进行工业化。到了中国共产党执政全国以后，以毛泽东同志为主要代表的中国共产党人明确提出中国现代化的路径就是优先的工业化和城市化。如果不进行现代化，那中国永远都是一个乡村。但中国的工业化、城镇化面临着一个很大的难题，我们知道任何国家的工业化、城镇化都需要大量的资本支持。所以一个国家的工业化，如果没有重工业也实现不了，这也是非洲为什么到现在工业无法得到发展的一个很重要的原因，没有重工业的支持。基础性工业要建起来，有一个最重要的特点，它是高度的资本密集。所以要工业化，首先要回答两个问题：第一，钱从哪里来？我们跟苏联达成了联盟关系，苏联给我们援外，提供了很多东西，我们借了他钱。冷战造成了现代化资源的断流，中苏关系的破裂则使得中国必须走独立自主的现代化道路。要实现自主性工业化，就必须优先发展重工业，而且必须发展军事工业确保国家安全。从经济学的角度讲，重工业是资本密集的产业，在无法获得外部资金支持的条件下，工业化的资金只能来自农业的积累。而中国农业本来就没有完成技术革命，甚至连基本的温饱都没有解决。1949年的时候我们人均粮食不到40斤。

在这样的情况下，我们国家要进行工业化，这意味着什么？就好像一个人已经很瘦了，你还要让他减肥。乡村本身已经很弱，还要支持工业化，这就是第一个难题。

建立工业化体系需要巨大的资金。只有让农民“瘦一点”，通过乡村对工业的补给、融资进一步推动工业化。土地改革，农业改造各个方面，使得农业农村刚缓过劲儿，就开始了农业合作化、建立农业合作社，为什么？你不通过合作化把老百姓组织起来，你就不能更好地整合农村的资源，包括人口、土地资源。实际上这是现代化的路径，因为有这样一个路径，我们才建立起来一个非常强大的基础工业基地。这是1978年之前我们的路径，所以乡村一点办法都没有，贫困潦倒。所有的农村人不能进去城里，因为城市是不能保证你福利的，但是又要把钱拿去建工厂、修铁路，支持工业化、城市化的发展。我们通过建立户籍制度来限制、禁止人口向城市流动，同时又把乡村的剩余转移到工业上来。这就造成了需要限制农村人口流向城市但农业积累必须转移到工业和城市的“非协调性现代化”的格局——导致了乡村被再一次削弱。

西方资本主义冲击中国自然封闭体系，导致中国乡村的衰落；而我们推动现代化的发展本身在发展了农业的同时又加剧了乡村的困境。这两个因素使得乡村变成中国现代化的大洼地，这是乡村问题的复杂性。

1840年是中国进入现代化的标志。1840年以后，中国被纳入到全球化的进程中。在这个情况下，就出现了中国现代化的政治紧迫性。所以改革开放以后，大家都想致富，所有工作都是加快、倒排工期。所有的项目一定要几年内完成，实际上这是我们紧迫性现代化的一个体现。

中国的现代化必须要在一个高度压缩的时空里头展开。发展不能慢慢来，没有这样的社会允许度。这样就对政治家和政党提出一个特别的要求，现代化的紧迫使命。大规模建设乡村就是这种紧迫性的体现。要在工业化和城市化的过程中同步实现乡村的现代化，不同于西方的路径，这是中国乡村发展的特殊性和困难性所在。乡村振兴就是在这样一个背景、历史线索下，在这样一个政治经济的语境下的现代化的一个轨道上开展的。

党的十九大报告指出，从2020年到2035年，在全面建成小康社会的基础上，再奋斗15年，基本实现社会主义现代化；从2035年到本世纪中叶，在基本实现现代化的基础上，再奋斗15年，把我国建成富强民主文明和谐美丽的社会主义现代化强国。这是我们国家制定的战略目标，所以说中国的现代化的过程，从理论上来讲，有很多东西是值得来挖掘的。

二、和美乡村建设的云南实践

基于我刚才讲的背景，接下来讲讲我们在中国乡村的实践。在实践中我们认识到，乡村振兴需要在乡村建设中逐渐推进，并且要优先在具有发展潜力的乡村展开示范。在示范村中要优先选择核心示范区的建设展开，从而真正做到通过示范逐渐推广，减少财政资源投入的浪费。我们先后在昆明、昭通、曲靖、临沧、怒江等地开展了35个乡村振兴示范村建设，目前，17个村已经完成核心区建设并进入了运营阶段，还有18个村正在建设中。接下来我将通过几个具体的案例来分享我在村庄实践过程中的所见所闻和所作所为。

（一）案例一：云南省西双版纳州勐腊县河边村

2015年，我到了云南省西双版纳州勐腊县河边村，河边村是一个位于热带雨林腹地的瑶族村寨，坐落于中老（中国同老挝）边界。当时的河边村居住条件差，村民使用“天然”公厕，无硬化道路，人畜混居，卫生条件恶劣；学龄前儿童缺乏照料；村民收入单一且不稳定，村民多负债。自2015年起，我独自在河边村连续生活了五年，每年的居住时间为七八个月。到现在整整10年没有断过，只是我现在去得少。因为居住条件太差在那根本住不了，就必须考虑如何创造一个适合居住的环境。你搞一个你能住的地方，就想让农民住得跟你一样，这道理非常简单。在这个过程中，我将脱贫攻坚和易地搬迁的资金用于建设，其中一个项目名为“瑶族妈妈的客房”。这个项目的特点是，一半的房间由农民自己使用，而另一半则作为客房，为农民提供一个新的收入来源。“瑶族妈妈的客房”里面有会议厅、瑶族文化展览、酒吧、餐饮和窑洞观察客房。这是一个从景观建筑、民族文化保护、产业和新农村培养的各个方面全部综合起来的一个项目。2018年，客房收入达到59万元，河边村正式脱贫。同时这里所有建筑都是我和村民一起参与设计建筑的，是参与式乡村建设非常好的一个典型案例。

随着城市化的不断发展，今天的乡村已经不再仅仅是一个农业生产中心。相反，乡村正在逐渐成为一个多功能的区域。因此，我们需要重新定义乡村的角色，将其塑造为一个具有多种功能的新兴社区。为了实现这一目标，我们将乡村的资产进行重新配置，将农民的住房从单纯的居住空间转变为具有生产功能的空间。这样，我们不仅可以提高乡村的经济价值，还可以为农民创造更多的收入来源。近年来，日本才开始推动乡村振兴。现在日本的乡村已经衰落到把它叫稀疏化的程度，乡村稀疏到了一个没有人的地步。2019年，我和各位老师去日本学习时，发现日本乡村的基础设施建设和住宅质量都非常高，一栋房子只要12万元人民币，但没有人想买。这是因为城市的虹吸扩大，形成了对乡村的要素虹吸效应，导致乡村发展要素保障不足，造成城乡经济二元结构，同时也制约着全国统一大市场的建设。

在当前乡村处于凋敝过程的背景下，我们需要通过乡村振兴在乡村衰落过程中有机地进行干预，来阻止乡村过分地凋敝和衰落。这个过程是中国现代化进程中非常重要的一部分，它与西方的发展模式有所不同，体现了中国特色社会主义。因此，我们的研究重点在于如何处理乡村的人口流动问题，包括人口的流出和流入。此外，我们还需要探讨如何培养和塑造新型农民，如何建设新型农村，以及需要怎样的新型企业。这是中国乡村今天所经历的一个过程，也是中国当代社会科学研究的一个重要领域，值得我们深入思考和研究。

（二）案例二：云南省昆明市麦地冲村

第二个案例是位于云南省昆明市麦地冲村的烤烟房民宿。麦地冲村隶属于昆明市宜良县九乡彝族回族乡，宜良县是昆明市近郊的传统农业大县，2019年全村人均年收入仅5000元左右。2021年3月，麦地冲集体资产运营公司成立，由乡村CEO团队负责管理，村内业态包括：麦地冲餐厅、麦地冲会议室、乡愁书屋咖啡厅、烤烟房民宿。自2021年6月6日营业以来，麦地冲到村游客人数约3万人，实现旅游总收入74万元，其中民宿收入19.5万元，餐厅收入20万元，农家乐收入15万元，土特产品收入12万元，零售收入2.5万元。乡村建设要按照“轻介入、微改善、精提升”的原则，要注重盘活村庄集体和农户的闲置资产，将资产变成资源，变成新业态的载体，变成农民增收的渠道，过去农民把钱变成了砖头，现在我们把砖头再变成钱。

接下来我简单介绍一下烤烟房闲置资产的盘活，怎么把它变成咖啡店，让它变成新业态的载体。通过这种方式，我们可以将这些盘活的资产转化为新的业态，并培养出一批能够经营新业态的新型农民。这样的话我们就再造一个新乡村，再培养出一批新农民，这就是一个中国式现代化推进社会经济转型和乡村振兴的策略。这些建筑都是我自己设计，农民施工，农民成为主体，他们是建设主体，真正做的都是农民自己。他们打工几十年，在外面农民工学的就是建筑，大部分村里都有很多建筑高手。会铺砖、会弄房、会刷白，会搞任何东西，你只要一说他就能干，不需要搞什么公司，那些人就是专家。还有我们雁塔村的花巷雁塔也是把资产盘活，资产盘活这个过程，让农民成为受益主体。

在云南省昭通市大苗寨村我们做乡村咖啡店。关于大山里的咖啡店，最重要的故事不是咖啡店，而是咖啡店里谁是咖啡店的主人。乡村咖啡店有这样一个苗族姑娘，她原本在外打工，后来回到村里，成为乡村咖啡店的经营者，这叫新农民。这个云中咖啡单日最高营业额可以达到2000余元，成为网红打卡点，被誉为“最美乡村咖啡厅”。你把广州的老板找去雇个人，那没有意思，那就没有故事了，那就不叫乡村振兴了，那叫乡村创业，对吧？乡村创业可不可以？可以，但是你回去不要挤兑了农民的利益，挤兑了农民利益的话，我们还搞什么乡村振兴？搞不了。

在我们建设这家咖啡店时，有人说："李老师，这个地方，大山里，哪里有人喝咖啡呀？"我说："大山里搞一个咖啡是要给城市人喝的。"这就是要把城市动能带到乡村。乡村振兴如果没有城市动能来驱动，它振兴不了的。就像你把一个小推车搁在那，你站在车上你推着自己能走吗？只能动不能走。乡村振兴必须依靠外力，没有外力给它赋能，它就不可能有动力，这就是中国洼地的特色。所以说我们今天通过案例去讲的主题，是通过现代化的路径去推动乡村文明，让乡村用现代化的手段给乡村赋能，让它产生动力。像推车一样，你下来推着车就走了，这就是给它赋能，我们给它赋两个能，它没有资产，那就帮助它填补资产缺口。

（三）实践总结：建立一个中心，坚持四个主体，发育四个机制

中国乡村的衰落不仅仅是不重视它，还有一个就是它缺乏很多的东西。比如美学和美学理论，缺乏美学现代化这个东西，我觉得中国乡村从观念上、从各个方面的落后是综合的。

比方说我们为什么要植入一个咖啡店，第一点，就是一定要在一个最传统的乡村植入一个一线的代表，来改变乡村的视觉景观，来改变乡村长期的负面印象。今天乡村价值提升以后，我们需要改变乡村的世界形象和语言文字形象。让乡村更加平衡，更加融合，更加能够呈现乡村现在变化的这样一个新的话题，新的

景观出现，比方说美丽乡村、乡村CEO，打破乡村长期以来作为中国现代化病灶的一个负面形象。第二个东西就是要在乡村植入最现代的平台来改造乡村产业。

包括我们是怎么建民宿的？我们探索出乡村民宿的发展模式是什么样的？第一个我最近提出了乡村稀缺性的概念，这个概念强调了随着城市化的发展，乡村变得越来越稀缺。乡村的社会稀缺性导致什么？导致乡村相对价值的改变，这就对旅游产生一个非常大的影响，人们的休闲审美和休闲想象发生变化。我们过去很长一段时间认为高楼大厦、城市才是休闲，所以人们对于旅游消费的心理一直是以现代化来支撑。这种现象导致了城市文化的过剩，使得人们开始向往乡村生活。最典型的就是年轻妈妈带着孩子到农村去，就看人看水稻地，只缺一个阴凉地坐下来，这就是乡村稀缺现状。这种需求催生了一系列新的乡村产品，如我到村子里去，我做一个烤烟房改造、猪圈改造、牛圈改造，是基于它的稀缺性。旅游是一种文化消费，旅游文化消费它产生的问题，它恰恰就在稀缺。所以维护乡村的新鲜性，是维护乡村价值的前提。

最后总结一下我们实践的基本做法，就是建立一个中心，坚持四个主体，发育四个机制。一个中心是指始终坚持以农民为中心。四个主体是指农民是决策主体、建设主体、受益主体和运营主体。四个机制指的是要有一个新的乡村资产运营和管理的组织机制、村级以工代赈为主体的乡村建设机制、乡村CEO为主体的经营机制和集体与农户、外部资本与农户的利益分配机制，从而确保投资要让乡村受益。

吴志才

“百县千镇万村高质量发展”的广东探索

主讲人简介

吴志才，华南理工大学旅游管理系/旅游发展与规划研究院院长、教授、博士生导师。华南理工大学广州城乡融合发展研究院院长、数字乡村与文旅可持续发展重点实验室主任、广东旅游战略与政策研究中心主任。现为教育部高校旅游扶贫联盟专家委员会副主任、广东省“百千万工程”专家智库首批专家委员。主要从事乡村振兴与减贫治理、数字乡村与城乡融合、文旅融合与文化创新等理论与应用研究。主持国家重大及一般项目3项、省重大及专项课题10项，乡村振兴和文化旅游实践课题100余项，出版专著和教材8部。获广东省哲学社会科学优秀成果奖一等奖、二等奖。牵头主持的帮扶课题两次获得教育部扶贫十大典型案例。

乡村振兴是一项系统性工程，需要以跨学科、多领域、强技能等的系统性知识为基础。我今天要讲的题目是《“百县千镇万村高质量发展”的广东探索》，来跟大家一起探讨、研判我们未来乡村振兴的方向。

一、区域协调发展：未来乡村发展的必然要求

2023年中央一号文件中指出，“举全党全社会之力全面推进乡村振兴，加快农业农村现代化”。习近平总书记视察广东时强调：“全体人民共同富裕是中国式现代化的本质特征，区域协调发展是实现共同富裕的必然要求。”广东省委十三届三次全会提出要深入实施“百县千镇万村高质量发展工程”（简称“百千万工程”），在城乡区域协调发展上取得新突破。从国家战略到广东部署都充分彰显出区域协调发展的战略意义。在新起点上推动广东“三农”工作和城乡区域协调发展迈上新台阶，推动城乡区域协调发展朝着更高水平更高质量迈进，就需要把握农业农村现代化发展新格局，积蓄农业农村现代化发展新势能，力争广东在中国式现代化新征程中闯出一条农业农村高质量发展的新路子。

纵观我国城乡关系的演化，大致可以分为三大阶段。第一个阶段是城乡对立阶段。在这个阶段，我们以城市为导向，以农养工，城乡之间的对立性非常明显。城市是经济的中心，集中了大量的资源和人力，而农村则是城市经济的补给基地。城乡之间的差距很大，人口和资源不断地向城市集中，而农村则一直处于相

对贫困和落后的状态。城乡之间在明确的社会分工下割裂开来，形成了城乡二元对立的局面。第二个阶段是城乡差距拉大阶段。随着我国城市化水平的提高和工业化的突破性发展，城乡差距迅速拉大。为了缓解城乡差距的问题，我们开始强调以城带乡，让城市反哺农村。这一时期，我们提出了“三农”问题，即农业、农村和农民问题。为了解决农民的生活问题和发展问题，各级政府采取了一系列措施，如推行乡村建设、农村改革、农业现代化等。然而，城乡之间的资源配置和价值流动仍然存在不平衡的现象，城乡之间是静态的，没有实现充分的活化和自由流动。第三个阶段是乡村振兴、城乡一体化阶段。随着我国乡村振兴战略的提出和城乡一体化的发展，我们开始强调城乡等值化，强调工农互惠。这个阶段是我国城乡关系演化的一个积极转变。乡村振兴战略和城乡一体化政策的推出，为推动中国城乡关系的平衡发展，打破城乡二元结构，促进城市和农村的共同发展，提供了新的思路和路径。在这个阶段，我们注重城乡融合发展，并强调城乡等值化。城乡已经不再是静态性的，而是通过积极的互动和互惠合作，实现城乡共同发展。乡村振兴战略的实行，也让农村现代化和城市发展在发展理念和方式上取得了一致。同时，政府也在大力推进城乡产业协同发展。城乡的产业在一体化、互补性的方向上发展着，推动地区间的产业对接，促进农村产业升级和城市功能转换。在城市里为农民提供就业岗位，提高农民收入，同时加强农村地区的工业发展、农业发展和服务业发展，提升农村地区的综合实力。我们鼓励城市和农村之间的互动和互利合作，推动农村地区的经济、社会和生态发展。当前我国城乡关系已经进入了新的阶段，即以把握新发展阶段、贯彻新发展理念、构建新发展格局为主旨的新型城乡关系阶段。乡村振兴战略的实施将农村发展与城市发展相结合，促使城乡之间的差距不断缩小，以实现区域协调发展。

乡村振兴的内涵有其独特性，这就需要我们把握好工作的关键点和主要任务。2020—2025年是巩固拓展脱贫攻坚成果同乡村振兴有效衔接时期，这一阶段需要进一步巩固脱贫攻坚成果；坚决守牢18亿亩耕地红线，确保国家粮食安全；全面推进乡村建设，补齐农村发展短板；进一步深化农业农村改革，树立标杆典型。2025—2035年是乡村全面振兴时期，主要解决乡村发展动力问题。这一阶段需要协调推进新型城镇化与乡村振兴工作，以党建引领加强乡村基层治理，破解乡村产业发展难题。2035年到本世纪中叶是步入共同富裕时期，主要解决乡村发展可持续问题。这一阶段需要构建全社会利益共同体，持续优化社会分配制度，做大、分好乡村振兴的蛋糕。

同时，我们也要积蓄农业农村现代化发展新势能。中国式现代化既有各国现代化的共同特征，更有基于自己国情的中国特色。第一，中国式现代化是人口规模巨大的现代化。我国人口基数大、人口规模巨大，是挑战，更是机遇，将人口红利转化为人才红利，激活超大规模的市场潜力，将为乡村振兴注入新动能。第二，中国式现代化是全体人民共同富裕的现代化。通过持续推动要素双向自由流动，增加农民收入，城乡贫富差距有机会进一步缩小，将为乡村振兴开拓更加广阔的发展空间。第三，中国式现代化是物质文明和精神文明相协调的现代化。乡村振兴需要通过优秀农耕文化的精神力量，进一步加强乡村治理效能。第四，中国式现代化是人与自然和谐共生的现代化。在乡村振兴中坚持

"生态产业化，产业生态化"，推动生态文明建设转型升级，才能实现乡村可持续发展。第五，中国式现代化是走和平发展道路的现代化。乡村振兴应从总体国家安全观出发，在乡村实现粮食安全、治理安全。

推进中国式现代化，必须全面推进乡村振兴，解决好城乡区域发展不平衡问题。广东省一直存在"大城大乡、二元结构"两个现实困境。广东省既有大湾区世界级城市群"大城"，也有粤东西北欠发达地区"大乡"，面临城乡二元结构和区域二元结构的现实困境，必须探索全域共兴的广东路径。广东省当前全面部署"1310"战略，也就是锚定"走在前列"总目标，以改革、开放、创新为"三大动力"，锚定奋力实现"十大新突破"。在城乡融合发展的道路上，广东省现在在不断实践探索，深入实施"百县千镇万村高质量发展工程"，积极探寻可行有效的路径，为全国城乡融合发展的实践探索树立着良好的榜样。

二、全域融合：百县千镇万村高质量发展的现实路径

接下来，我从理论层面谈一下我对百县千镇万村高质量发展工程的认识。高质量发展是全面建设社会主义现代化国家的首要任务。这个工程的核心、本质的目标是城乡融合，根植的是我们当下所做出的，要以县域振兴为切入点来实施乡村振兴、城乡融合的这样的基本判断。具体来看，百县千镇万村是一个全域性、多主体、全覆盖的出发点，其目标是建立"村—镇—带—县"的四级响应空间体系。进一步，高质量指的是以产业高质量发展为

核心建设高水平农业产业体系、高科技农业生产体系、高效能农业经营体系的“三高”要素体系。而发展工程则是建构基于乡村永续发展的城乡等值化、差异化发展的功能体系。

由于我和我的团队长期跟踪陪伴阳西县的发展，因此我将结合我们团队在阳西县的实践，谈谈对“百县千镇万村高质量发展”的认识。自2018年以来国家在城乡融合与“三农”工作上的支撑政策不断加强，在国家层面强调稳粮为底线，乡村振兴为抓手，促进农业农村现代化，广东省则强调乡村规划建设体制机制创新，多方主体共建共治共享的城乡融合发展模式，阳江市则突出因地制宜、突出海洋特色，强调构建县域新型城乡关系，强化产业分类指导、科技创新。下面我主要从空间、要素、功能三个方面发表观点。

（一）全空间谋划城乡战略格局

从空间层面上看，城乡融合发展需要依循城乡关系发展一般规律，首先，针对“村—镇—带—县”四个层次的现实需求予以政策响应。其中，1.0发展阶段以乡村作为基本单元，全面推进人居环境整治；2.0发展阶段以镇村作为有机整体，推动生产、生活、生态结合，解决镇域内部统筹驱动力不足的难题；3.0发展阶段从县域层面打造乡村振兴示范带，形成产业集聚优势；4.0阶段从县域层面统筹城乡公共资源，探索城乡融合发展模式。以县域为核心推动城乡融合，需要进一步增强县域的资源统筹与体系建构能力。以乡村作为基本单元，全面推进人居环境整治；以镇村作为有机整体，推动生产、生活、生态结合，着力破解镇域内部统筹驱动力不足的难题；打造乡村振兴示范带，形成产业集聚优势；县域层面统筹城乡公共资源，探索城乡融合发展模式。具体而言，要跳出传统的资源观，打破固有的“县—镇—村”层级体系，实现资源资产的全要素统筹；跳出传统“小农业”的路径依赖，构建泛农业产业运营体系，全面盘活县域产业发展资源；跳出城乡二元思维，构建以“农村+农民”为主体的城乡建设与治理体系，最终形成“强县城—美镇村”新型城镇化体系，适应扁平化农业农村发展格局。

其次，我们要构建“人—地—业”共生的宜居宜业和美乡村。以县域城乡融合推动乡村振兴，这实质上是以人为核心，来构建“人—地—业”和谐共生的乡村系统，是基于多业态交互、多主体协同、多机制联动、多要素协调、多模式推动而形成的一种共生共荣关系。其中，“人—业”互动单元着眼于城乡公共服务均等化、社会就业公平化，推动生活共生；“地—业”互动单元着眼于城乡资源双向流动、经营主体多元调节，推动生产共生；“人—地”互动单元着眼于生态协调发展、空间有序利用，推动生态共生，最终推动公共服务设施配置、生活条件改善、民生就业改善、乡风文明治理及城乡融合发展，构建宜居宜业和美乡村的美好图景。

最后，就是构建“资金—产业—运营—治理”城乡联动生态圈。城乡要素的流通，需要依赖“资金—产业—运营—治理”的生态圈“闭环”。其中，资本下乡是基础，产业振兴是动力，运营激活是核心，乡村治理是保障。通过推动资本下乡，形成乡村振兴总资金池；在资本推动下实现城乡一二三产业融合发展，将原本潜藏在村的存量公共资产盘活，实现乡村产业兴旺的发展目标；通过公共设施、产品业态和城乡产业的可持续化经营，使资金回流到乡村地区，构建乡村运营生态圈。统筹推进新型城镇化和乡村振兴，全面提升城乡建设管理水平。

阳西县目前在乡村振兴“县—带—镇—村”上形成了一个三角形的四级空间体系图，农业发展引导体系、农业和乡村服务设施体系日益完善。我们现在要打造乡村振兴的阳西样板，就要从县、示范带、镇、村去发力，达到空间上的全域性，对应城乡统筹、片区发展、乡镇服务、乡村建设四个治理体系，达到治理上的系统性，达到强县、促镇、带村的目的。

对此，还要做到“三个高”，即高品质乡村建设、高效益乡村运营和高水平乡村产业。在高品质乡村建设上，要做到出形象、出亮点、出效益，如在乡村+农文旅上，可以打造亲子乐园、乡村美育、民宿、生态农庄等IP，以文旅品牌吸引流量，形成爆点。在高效益乡村运营上，则要在推动“资本下乡”的基础上“花好钱”，做优一产、做实二产、做特三产。同时，还要通过推动乡村运营激发活力，在“赚到钱”后推动乡村治理，以此为整个乡村生态系统可持续发展提供根本保障。在高水平乡村产业上，要以农业产业“两端延伸”模型，发展生产农业、科技农业、服务农业，提升农业附加值。

（二）全要素激活城乡生产活力

在要素层面，农业、农民、农村、农地，在未来的乡村发展中一定是四位一体的，其中，农业是农村、农民、农地的根本落脚点，提升农业产业韧性成长，打造乡村品质生活，赋能乡村现代治理，对推动广东乡村振兴高质量发展具有重要意义。我们要构建以农业为落脚点、以农民为核心力量、农村为重要载体、农地为基础支撑的协调交互的高水平、高科技、高效能的“四农”要素系统。要打造阳西现代农业发展体系，构建高水平农业产业体系、高科技农业生产体系与高效能农业经营体系。

在农业方面，要进一步推动农业产业价值链向两端延伸。推动县域以农业为导向的一二三产业融合发展，发挥“1×2×3=6”的乘数效应，通过“第六产业”拉长农业产业链，延伸农业价值链。立足县域，以“粮头食尾”“农头工尾”为抓手，布局农产品精深加工业和农业生产性服务业。推进农业与休闲、旅游、生态、文化、康养、教育等产业的深度融合，打造新型产品业态。重点打造一批城乡产业协同发展先行区、特色小镇、美丽乡村、现代农业产业园、农民工创业园、返乡入乡创业园等平台，推动城乡要素跨界配置和产业有机融合。同时，我们想要发展新农业，提升产业韧性成长，就需要推动农业向现代农业与未来农业方向发展，使得现在的数字技术与农业紧密结合，通过产品标准化、生产科技化、经营规模化实现农业2.0，推动农业全周期、智能化、精准化，迈向农业3.0。依据农业产业“两端延伸”模型，推动中端产业向两端延伸，发展生产农业、科技农业、服务农业，并朝着数字化方向发展。生产性农业数字化，通过智慧农业生产管理一张网并借助5G智慧农业新基建，建立智慧农业生产管理系统；科技性农业数字化，以海洋为例，通过海洋牧场一产带动、海上风电二产驱动、海洋旅游三产赋能打造现代化海洋产业生态圈；服务性农业数字化，提供农技农机服务、农业生产托管服务、营商服务等全产业链服务。构建“一带四区”五大农业生产空间：一带即蓝色农业带，四区即珠三角都市农业区、粤东精细农业区、粤西高效农业区、粤北生态特色农业区。我们要培育“三大”农业产业类型：现代农业产业园、现代化海洋牧场和现代乡村服务业。一是加快现代农业产业园建设，促进三产融合。重点推动跨县集群产业园以及国家农业高新技术产业示范区的建设。二是培育万亿级现代化海洋牧场产业集群，建设蓝色粮仓。推动陆上广东向海上新广东迈进，以海洋牧场发展建设为抓手，优化延伸海洋渔业产业链，培育现代渔业产业体系，助推沿海县镇村发展，促进城乡区域协调发展。三是构建现代乡村服务业，推动农商旅一体化。

我们的农村发展需要人，我们需要将目光聚焦到农村的人身上。这个时候我们就要发展壮大农村新型经营主体，培育专业大户、家庭农场、农民合作社、龙头企业等新型农业经营主体。构建政府、企业、村集体、村民“四位一体”运营机制，强化各方利益联结，激发富民长效动能。探索就业创业、自主经营、产权租赁、产权入股等不同经营模式，拓宽增收渠道，共享城乡融合发展成果。

产业有了，那就需要进一步优化现代农业社会化服务体系。以现代农业社会化服务体系为抓手，实现流程标准化、服务专业化、产品品牌化。基于农业生产复杂性和多样性，加快农业全产业链标准化发展。强化包括作物解决方案、检验检测、土壤治理、农资配供、农技服务、农产品助销等方面的现代农业社会化服务，提升技术效率和全要素生产率。加强培育地方优质、特色、绿色农产品标准研制，推动农业生产标准与消费端有效衔接，促进农业产业标准化逐步向示范化、品牌化发展，不断提升农业产业活力与韧性。

一直以来，广东乡村振兴始终走在全国前列，先行探索出具有广东特色的振兴路径。一是以现代农业产业园建设为抓手，构建国家、省、市三级梯次现代农业产业园发展格局，全面推动一二三产业融合。二是以乡村振兴示范带为抓手，突破村镇的行政边界，从全县域角度整体推进乡村振兴。三是以“乡村振兴大擂台”展演活动为抓手，从产业、治理、舆论引导等方面推动形成全社会参与乡村振兴的良好氛围。广东在乡村振兴高质量发展中要继续走在前列，必须把握好农村、农民、农地、农业的关系，通过高水平乡村规划、高品质乡村建设和高效益乡村运营，协同推进乡村振兴高质量发展。

乡村运营同样是阳江接下来发展的重要方向，要构建“资金—产业—运营—治理”共享的全域运营生态模型，打造乡村振兴生态圈，资本下乡是基础，产业振兴是动力，运营激活是核心，乡村治理是保障。落实高效益乡村运营，构建乡村振兴运营生态圈，最终实现乡村全域共兴。首先，资金下乡是基础。用好政策资金、激活市场资金、撬动民间资本，推动三种资金下乡，统筹形成乡村振兴总资金池。其次，产业振兴是动力。通过做优一产、做实二产、做特三产，推动三产融合，最终实现乡村产业振兴。最后，运营激活是保障。通过公共设施运营，激活地方公共生活空间，目前广东的碧道、绿道、古驿道、营地等公共设施运营已取得良好成效。产品业态运营以重点项目为抓手，盘活潜藏在乡村的存量资产，打造乡村消费空间，引导游客消费，这是未来乡村运营实践的重点。城乡产业运营以城乡建设为抓手，构建乡村产业平台，统筹推进新型城镇化和乡村振兴。通过公共设施运营、产品业态运营以及城乡产业运营，将持续激活乡村的发展动力，推动乡村系统有效运转。通过推动资本下乡，形成乡村振兴总资金池，在资本推动下实现城乡一二三产业融合发展，统筹推进新型城镇化和乡村振兴。政府侧运营，建立健全数字乡村网、人才下乡网、乡村治理网、公共体系网、基础设施网五大网络。市场侧运营，打造具有当地乡村文化元素的乡村振兴示范带；借助“乡村+农文旅”的形式，打造文旅品牌吸引流量，形成爆点；推动一二三产深度融合，建设第六产业现代产业园。通过链接线—民生点—产业面，形成阳江全域共兴与乡村可持续发展路径。

（三）全方位织好城乡基础保障网

在功能层面，我们要打造城乡等值化、差异化发展的功能系统，在城居上强调生活丰度、生命长度与精神厚度，在乡居上强调生态惠民、生产富民与文化扶民，通过构建城乡融合发展平台将城乡供需、产业链条全面衔接与激活，实现从城市到乡村的栖息地、从田园到餐桌的产业链条、从文化到品牌的形象营造。城市与乡村功能是差异化的，但是价值是等值化的。我们要秉持在城镇化规律下谋求发展的发展观、在政策要求下落实管治的安全观，在信息化时代下重塑乡村价值的未来观，寻找到“城—乡”发展的稳态，打造生态化、数字化、体系化的广东乡村振兴示范样板。

在这种发展观、安全观、未来观的指导下，我们一定要把握好三个“网”。第一是数字乡村网，要织密数字乡村网。推动产业数字化，将大数据、云计算、区块链等信息技术和手段运用到农业生产当中，对农业生产过程、生产环境、服务质量等进行精准监测，促进农业生产提档升级。推动治理智能化，树立智慧治理思维，进一步破除不同社会治理主体之间的“数字壁垒”，完善数据共享机制，释放数据红利。创新数字化治理应用场景，包括社会公共参与云平台、数字文化馆、掌心农家书屋等，实现县域善治，助推社会治理能力现代化。推动数据价值化，逐步构建“县—镇—村”数据资源体系，加快完善数据要素流通标准体系，积极规范和引导数据资源合法合规运转，有序配置数据资源，持续释放数据价值，为县域经济高质量发展提供新动能。推动数字农业、电商平台、智慧农场、智慧服务、乡村数字博物馆等建设，把高校院所的实验室建在乡村大地上。加快建立人才下乡网，我们现在正在推行文化小院计划，建立“专家—学生—乡村”人才服务架构，搭建乡村问诊云平台，基地文化小院发挥诊前填报、问题描述、AI分诊等功能，高校实行专家诊断、学生实施、跟踪回访，通过乡村振兴云诊室，实现“治理”向“智理”的转变。

第二个是要织广人才支撑网。乡村振兴是一项系统性工程，需要以跨学科、多领域、强技能等的系统性知识为基础。树立乡村振兴“大教育”理念，强化乡村振兴本硕博人才培养层次，形成完整的培养链条。拓展乡村振兴职业教育，面向不同社会主体，提供个性化、特色化的培养方案。优化乡村振兴数字化教育，打造线上云课堂。通过多方面共同发力，向乡村释放更多高校优质的教育资源，全面提升乡村人才力量。我们要构建城乡发展泛人才体系，逐步将城乡人才培育思路从内部化视角向生态圈视角转向。一方面，强化本土人才“内培”，做实农业职业教育。构建学历教育与职业教育相统筹、县镇村三级相衔接的教育体系，鼓励城乡基层人才实现学历提升，同时扩大农业技术技能教育覆盖范围，促进本土人才培养规格、梯次和结构的多元化发展。另一方面，强化创新人才“外引”。目前广东各高校正积极开展“百校联百县助力‘百县千镇万村高质量发展工程’行动”，通过高校设计师、建筑师、工程师“三师”下乡以及学生田野课堂、志愿者公益活动等不同形式，推动高校专业教育、乡土教育与创新创业教育融合，培养一批知农、爱农、为农的农业农村现代化建设人才，实现人才培养与乡村振兴双向赋能。此外，要充分利用数字化技术，实现知识下乡、技术进村、服务入户、工匠进城，建设乡村人才的“云驿站”、乡村科创的“云平台”、乡村振兴的“云诊室”、乡村工匠的“云会馆”，从而构建智能化的乡村振兴人才服务体系。乡村振兴人才培养的目标，并非让乡村被动城市化，而是培养一批了解乡村、懂得乡村，能与乡村产生“共情”的人才。要通过文化“活血”，真正建立起高校与乡村社会的稳定连接，让乡村振兴融入师生的教学、科研、生活，使师生在参与乡村实践的过程中，汲取乡村文化的营养，得到乡土美育陶冶，真正树立起尊重乡村、重视乡村的价值观念，实现精神层面的共同富裕。

第三是公共服务网，我们一定要织牢公共服务网。完善由乡村治理网、公共体系网、基础设施网组成的“老三件”公共体系，建立健全由社会安全网、民生普惠网、增值服务网组成的“新三件”公共体系。强化基础设施和公共服务共建共享。一方面，统筹推进农村“四小园”（小花园、小公园、小菜园、小果园）提升工程，实施农村污水治理、垃圾收运处理处置工程，全面推进农村“厕所革命”。另一方面，持续完善县城综合服务功能，全面推动县城公共服务向乡村延伸，加快推进公共服务下乡进村，大力发展城乡教育联合体、紧密型县域医共体和县镇村衔接的三级养老服务网络，健全城乡公共文化服务体系，实现城乡基本公共服务均等化。

总而言之，推进实施“百千万工程”是一项系统性工作，点多、线长、面广，涉及内容方方面面，需要树立“全域”发展思维，打破传统的小规模的行政边界，将县域作为一个完整意义的整体，统筹推进城乡区域协调发展，从村、镇、示范带、县四个空间尺度打造全域性空间；基于农业、农民、农村、农具“四农”要素，打造高水平农业产业体系、高科技农业生产体系、高效能农业经营体系的“三高”要素系统；发展城乡等值化、差异化融合发展的功能系统，共同筑就县域层面全面推动城乡融合高质量发展的现实路径。

下篇

大家谈

坚持城乡融合发展，推进乡村全面振兴

【编者按】

习近平总书记指出："推进中国式现代化，必须坚持不懈夯实农业基础，推进乡村全面振兴。"在实现乡村全面振兴的进程中，我们不能孤立地就乡村发展乡村，而是需要从顶层设计上将城镇和乡村统筹规划，注重乡村振兴战略和新型城镇化战略的协同推进。本期对话邀请了学界、业界以及相关实务部门代表，围绕城乡融合发展，从顶层设计和战略规划角度探讨乡村全面振兴的实现路径。

【对谈专家】

邱衍庆	广东省城乡规划设计研究院科技集团股份有限公司党委书记、董事长、院长，教授级高工
刘付启荣	广东省农业农村厅原二级巡视员
程文章	广东省农业农村厅原总经济师、《广东农业》杂志主编
王世福	华南理工大学建筑学院副院长、教授
张补宏	华南理工大学旅游管理系副教授
魏立华	华南理工大学建筑学院副教授

邱衍庆（广东省城乡规划设计研究院科技集团股份有限公司党委书记、董事长、院长，教授级高工）

近年来，我参与了很多地方“百千万工程”的谋划工作，广东省城乡规划设计研究院也参与了地方“百千万工程”的规划建设工作，今天我最想给的一个建议是：县镇村一把手、书记要树立四个思维。

第一个思维是战略思维。对“百千万工程”，心中要有一盘棋，脑中要有一本账，对战略要求和布局要了然于心，要用规划统筹实施一张图，形成久久为功的一张图，不断谋划项目库，项目跟着规划走，资源要素要跟着规划走，切忌把“百千万工程”当成框，这是被动应付的工作思想。

第二个思维是战术思维。要问题导向、实施导向、结果导向。问题导向是指找到真的问题，结合当地真的需求，谋划真的战略路线。实施导向是指各种谋划要落地实施，配套更多的人、地、钱、产，相关的资源要素，结合项目推动，看到效果。结果导向是指各方面都满意，老百姓要共同富裕，获得感、幸福感都要有。我们要想构建老百姓能够共建共享共治共管的治理模式，就要防止政府在干，社会在期盼，但只是参与的单位在“办”而不是真正地在干，而老百姓只是在看。如果能够把基层和社会各界的积极性都调动起来，实际上就能够形成高铁效应：不仅仅是车头在带，而是每个车厢都自带动力，形成上下联动的一体机制。

第三个思维是改革思维。“百千万工程”是广东省高质量发展的头号工程，如果没有改革思维，依然是新瓶装旧酒的话是不可能实现高质量发展的。老路是怎么样的，新鞋是怎么样的，新路要怎么走，我们的领导一定要认真思考，真正聚焦“百千万工程”，以改革创新为抓手和突破点，破解高质量发展的痛点、难点问题。

第四个思维是竞争思维。我们不仅要把行动落实到位，同时要善于把自身的压力传导到基层，把压力转为动力，形成更好地提高我们工作成效的工作联动机制。作为一个规划专家，我还想多提一句，大家要用好规划。“百千万工程”里面，规划不仅仅发挥龙头牵引的作用，还有给我一个杠杆就能撬动地球的腰部支撑作用。对于钱从哪里来，人往哪里走，地从哪里找，项目怎么建，如何高效运营等，都能够起到联动统筹、联动策划的作用，规划为乡村振兴提供指导，希望能够在“百千万工程”当中体现出来。

百县千镇万村高质量发展，就是要解决区域发展不平衡这一广东发展最大的问题，需要用改革创新破解难题。我觉得要区分近期和中远期的实施布局和路径，近期我们可以共同提升城乡和美品质，形成典型县镇村并发挥它们的示范带动作用，这实际上是我们学习浙江“千万工程”的动作。

那么，广东的高质量发展，我们怎样走出一条新路？我觉得还是要在高质量发展的前沿作改革创新的破解。我们可以去探索生态价值实现和转化的机制，把我们的林业、农业碳汇，绿色金融和双碳战略融合，加速“两山”通道打开的政策机制，这实际上就是反哺的机制。

此外，反哺的机制是探索数据资产积累和转化的机制，刚才罗院士提到了无人农场，包括地理空间和信息、数字三维等等。因为一二三产积累的大量数据本身就是资产，我们在大规模进行投资建设时，也要把数据资产积累起来，这样实际上是一举两得，我们不仅建设了高品质的县镇村，同时也积累了我们自己的数据资产。财政部公布说，从2024年1月1日起，数据资产可以变为财产增值的一部分。那我们开展乡村振兴的时候如果能够通过这种方式积累数据资产，也就建立了面向未来数据交易的通道。另外，我们要善于有效利用国家政策性金融资金，探索金融活水的联动机制，利用这些钱来反哺欠发达地区。

探索新型城镇化和乡村振兴的统筹联动机制，实际上就是解决城乡融合和乡村振兴同步推动的问题。如果把这些事情都做起来了，城市有效反哺农村，“百千万工程”就能取得我们想要的效果。

刘付启荣（广东省农业农村厅原二级巡视员）

今年广东省确立了党管“三农”的原则，虽然只有一句话，但是里面包含很多东西。我认为最主要的是人、地、钱三方面的保障。尽管欧洲、美国乡村发展得早，我们也看过，但很多示范带其实也不过如此，甚至我们的比他们的还漂亮。其实广东的乡村发展是比较差的，和浙江相比，发展落后了一大截，以前垃圾成堆、破房子很多，现在真的是大变样了。这就得益于人、地、钱三方面的保障，特别是钱的投资，经过省里统筹，很多村每年就有300万，全省有800多亿的经费拨下去。农村已经大有可为。

第一，我就实施“百千万工程”这个问题谈一些个人看法。这个战略把县镇村统一起来去考虑和推进，这是广东乡村振兴的新规划。在“三清三拆三整治”基本完成后，重点应该放在发展长期的产业上去。不然，即使我们再有钱、搞得再漂亮，维护的长效机制缺失，还是没法可持续的。以后村里的发展应该是宜工则工、宜农则农，让银联、资本的钱下乡，为他们提供好的政策环境。

第二，地理问题。我们年终刚解决了点状用地的问题，落实了新增的用地，很多村想办工厂但又没有新增的用地，现在这个问题已经解决了。只是新的用地要安排在哪里，还需要继续探索。很多企业要盖在山坡上，不行，那里是基本农田；很多农民想盖新房，也不行，又是基本农田。所以这个问题也是未来要解决的重点，基本农田要明确划分清楚。

第三，农业上的人畜废弃物，即粪便的处理问题。现在我们都搞处理达标排放。我们总说东西种出来不好吃，不是有机肥种的。那有机肥从哪来？我们应该考虑将人畜废弃物进行处理加工，用工业化的手段去解决有机肥的问题。

第四，要久久为功，解决技术“卡脖子”的问题。我们买一个新品种的种子价格非常昂贵，养殖的鸡为什么国外的品种40天就出栏了，我们的就没人家的快？在这些技术问题上，我们不能搞一年攻坚、三年攻坚什么的，这是短时间内没办法就解决的，必须长期攻坚。

第五，农村规划与提升，农房的管制问题。以“三清三拆三整治”为基础，进一步对乡村布局进行规划。我们也有专门做这些规划的专家教授，但在整体的规划上，很多规划没有与村内的未来发展和整体分区相结合，缺少合理性，不具操作性。

第六，不仅要培养“三农”的专家，也要培养战略家。在乡村振兴上，战略家很少，现在只有专家，更多地考虑乡村未来怎么发展，朝着什么方向发展，用发展的眼光去看待问题。现在很多专家高大上的东西很多，是学术的，下乡去讲链条、讲区划，这些讲得都很好，但是农民听不懂，我们也不知道如何实施，这种可能写文章比较合适，但不适合讲给农民听。

最后，广东是GDP大省，但是人均GDP却不高，我们还有20个县农民人均年收入低于全国平均水平，省内发展不平衡问题比外省突出很多，所以省里拿了很多钱来搞城乡统筹发展。省委也采取了很多措施，所以大家都十分重视这件事，从之前的驻村扶村，到现在的驻县帮镇扶村，习近平总书记也十分关心乡村振兴的问题，相信我们一定能够完成好这件事情。现在问题在于“最后一公里”如何解决，一些村投资多，发展得好，每年能有1000万，也有一些村投资少、资源也少，缺少发展的机会。目前我们不能继续大规模地举债和投资，债放下去如何补回来？很多地方是没法补回来的，我们必须思考好“最后一公里”要如何走。

程文章（广东省农业农村厅原总经济师、《广东农业》杂志主编）

2017年乡村振兴战略提出以来，广东省的农业农村确实发展得比较快，现在我们的农业增加值已经在全国排到第四位，去年是5376亿。第一是山东，第二是河南，第三是四川，我们排第四，超过了浙江，这是一个很大的进步。广东城镇化率是比较高的——74.63%，但是人口基数大，农村人口3200万，农民的人均收入比浙江低了很多。去年是23598元，浙江是37566元，我们低了差不多14000元。浙江城乡收入比是1.94∶1，我们是2.4∶1，我们靠规模、靠量，浙江是比较平均的。

广东的农业农村发展经历了不同的阶段。从2004年开始，几个村连起来搞新农村建设示范片，到帮镇扶村，再到现在新提出的“百千万工程”，重点放在县，全面系统地打通起来，122个县、1200多个镇、2万多个行政村、15万多个自然村。“百千万工程”是系统化的、全面的。县域经济搞起来，在2035年再造一个新广东，这是有雄心壮志的，目标是3年逐渐成效，5年显著变化，12年能够得到根本性改变，达到县域的城镇化、城乡融合发展。

根据我自己的观察体会，乡村振兴示范带是关键。现在全省都在抓，规划建设是487条在建。我老家是汕尾的，比较了解，那里的规划建设有51条，特别是陆丰，这两三年示范带建设成效非常明显，原来是6条示范带，现在成效比较显著的是在海边的那条，串起来34公里，第一期投了3亿，现在还在搞。像陆丰就有6个示范带，现在又规划了13条共同富裕的示范带把它们全部串起来，1个县里面23个镇，通过6个示范带把它们串起来，现在通过13条共同富裕示范带把全部村包括自然村全覆盖，通过乡村振兴实现城乡共同富裕。广东是一个海洋大省，全省海洋带4084公里，海洋经济广东在全国排第一，要把它做成42个百万人口的市，通过十几甚至几十年能够把它发展到百万人口，这是再造一个新广东的重要支撑。在广东，乡村振兴是有雄心壮志和措施在做的，但是乡村振兴确实是任重而道远，没有那么简单。

王世福（华南理工大学建筑学院副院长、教授）

“百千万工程”，是用了县的枢纽，提了镇的环节，我觉得聚焦到的是对城乡关系的探索。这么多年，中国差不多跑完了加速增长的阶段，进入了高质量发展的阶段，所以现在认认真真搞乡村发展的时间到了。我认为，我们国家前20年的快速奔跑是建立在一定程度上牺牲乡村发展的前提上的，我们要看看城市欠了乡村什么，这里面有多少是农民兄弟，我们的城市和10年前的城市相比，到底长大了什么？是自己吃好了、吃饱了，你的农村兄弟怎么样了？“百千万工程”最朴素的理解就是这样，有些家庭被城市化割裂了，现在要修复回来。广东最值得批评的就是贫富分化，不像一个经济大省，更不好说是改革开放的大省，粤北弄丢了，这些是“百千万工程”要重新思考的，我的建议是两句话。

第一，城市要反哺乡村。城市是欠了乡村的，城乡是社会学意义上的生活方式的区别，中国式现代化一定包括“三农”现代化，刚刚罗院士展示了农业方面，以无人机的科技进步，农业和农民会分离，农民的生活方式是智慧的生活。

第二，乡村要自立自强。这个时代是乡村自强的时代，有资源、有农产品、有大自然，还有人均密度最高的城里没有的东西。因此乡村可以做很多政策交换。中国式现代化要改变世界城市化历史上的什么？中国城市化跑到现在，中西部的省会城市是明显出现了回流的，中国人有强烈的文化情结，渴望衣锦还乡。这些力量不能只通过创业吸引回去，一些将近退休的人在中国历史上就是在城里接收到新的教育然后回去的，所以他们一般关注的也是教育。城市化进入稳步期后，一定要出现回流，这个制度非常重要，要通过生活方式的改变来推动这种回流的产生。我想这就是“百千万工程”的社会意义。

那么，如何处理好城乡的关系？其实就是一句话，乡村要和城市拥有一样的发展权、开展一样的现代化。中国式现代化不能只是城市的现代化，这个答案应该是明确的。接下来就要做两件事，包括产业和人。从产业来看，村村冒烟是广东的特色，经过工业化洗礼之后有工业化残留的县镇村到底要怎么样转型？我认为这和建设用地有关。从人来看，回流乡村的人一般都是人力资源比较高的人，这些人会谈判，会做生意。如何吸引这部分人在村里做出贡献，是需要思考的。例如，优先用于公共服务保障的用地是一定要给的，但是建酒店赚钱也是要考虑的，村民要有收益才可以，因此，“百千万工程”的政治思想很重要。

城市反哺乡村，乡村自信自强，加起来就是把中国城市化的宏伟蓝图的图底关系反过来，现在乡村是图，整个广东省是底，所有的答案都在里面。

张补宏（华南理工大学旅游管理系副教授）

我自己做了很多乡村的项目，并且我也关注我的老家——内蒙古自治区的四子王旗，神舟降落的地方，这是一个草原农牧交织的边缘地区。我在实践中观察到了很多现象想和大家分享一下。

一是乡村振兴里面提到了人才振兴，但如果人才振兴没有人口振兴，我觉得这个命题可能难以成立。为什么？虽然我们目前确实有一些人才回流了乡村，但他们的身影是如此地孤独。比如我关注了一个短视频up主，他是一个耳朵迟钝的青年，在宁夏做视频很火爆，但整个村庄与他一样的同龄人形单影只。目前主要是“60后”在乡村常住，而“60后”“70后”都是计划生育政策的主要实施者，很多的地方都强调只生一个好，导致我们的人口存在断层。未来我们乡村的人才的来源，如果国家层面没有接地气的措施，是很难给予乡村充分支撑的。

二是我们对于农民的观察都是基于城市的视角出发的。我们站在城市、站在自身的角度来观察投资问题、研究问题。我们从时空的纵向角度出发，农民在这么多年中幸福感、满足感的提升是比较显著的。但是横向和城市居民相比，是有很大差距的。我们常说中国经济有很大的韧性，其实背后是很大的损失，我们牺牲了农民发展的权益。举个简单的例子，东莞有很多的外来务工者，外来人口和本地人口，在一些镇街如果说比例能够达到20∶1、30∶1，那么这个地方是非常富裕的，而只有4∶1、5∶1的镇街，其发展水平就十分落后了，因此这个发展实际上是以牺牲农民工权益为代价的。这个权益涉及很多，比如广州白云区有一个农民工博物馆，我去看过，农民工为城市的发展，为中国的强大做了很大的贡献，但放眼当下，农民工这个词被标签化了。我们提出乡村振兴、缩小城乡差距，需要考虑如何给到每个农民和市民一样的社会保障权益。城市居民有社保、农民吃低保，很多60多岁的农民每个月只有一两百块的补贴，如果没有公平的社保，那么“70后”“80后”的孩子有多少愿意回到农村？这本质上是我们如何兼顾效率与公平的问题。

三是我们现在讲高质量发展，对于乡村振兴来说应该是“三农”的高质量发展，这种高质量发展理应存在区域化、阶段化的这种差异化发展的现象。刚才我们几位专家谈到注重县域经济，我所观察到的现象是，农民的、普惠的发展能够体现在一些财政管理上，比如说到了一定年龄的低保，但是除此之外，转移支付的钱到哪了？到了县域的一些大企业与外来资本那里，县域统筹了大量资金给到这些企业，这些企业利用这些资金结合当地的政策又撬动了当地银行巨额的资本，这很有可能给当地带来不安全的因素，那就是债务问题，而实际上这些钱并没有用到农民身上，这是我另外的一个观察。

四是我们谈到现代乡村振兴，要建设美丽乡村，广东省有2000多公里的乡村，我们点的建设都是砸钱，到底我们乡村振兴是所有点的乡村振兴还是一个面的乡村振兴？

魏立华（华南理工大学建筑学院副教授）

“乡愁”是要留下的，但仍旧需要具体问题具体分析。对于部分没有资金、没有人口、没有产业的村庄来说，乡愁不再是那些年生活的集体记忆和文化记忆，而真正地成了一种“无法发展的疼痛回忆”，因此我们必须重新审视如何“留住乡愁”的问题。

具体来说，乡愁是那些已经进了城的人对于自己曾经在农村里生活过的一种回忆。这种回忆多少带点美化的成分：“那时候真好！山清水秀，人情冷暖，乡里乡亲，家族的氛围多好啊！”但是，需要注意的是，他们说的农村的好，大部分是对城市里过于忙碌的现代生活厌倦了，想去农村找点愁绪，过几天还是会回到城市当中。

这样的心态是可以理解的，但基于这样的心态去试图重构（重建）曾经的村子就不是非常合适了。举一个不恰当的例子：把这种回忆中的初恋做成一个蜡像，等到了村子又面对她的时候，却发现她再也不是当年的那个她了。

目前，乡村也经历着重大的变迁，村子里下一辈的年轻人用他们自己对于什么是美好生活的理解去走自己的路。传统农耕社会，人多地少，内卷式的社会生活孕育了传统村庄的伦理与社会关系。许多年轻人不愿意被这些传统的东西束缚住，于是进城了。一份工，一个人，即便城市里也有社会层级与居住分异，但是通过自己的努力能够寻找到一份合适的工作，谋划适合自己的事业和人生，幸福感是更高的。

乡村的改变不是在空间上的，而是因为东部沿海地区参与了全球化，用廉价的劳动力参与了工业化的红利，进而用聚居于城市的生活品质让村子里的后生们看到了什么是美好的生活。因此他们离开了乡村，但是仍旧保留着乡愁。他们会时不时地回来看看，但是却也没有那么愿意一辈子都留下来了。

“老家在农村，生活在城市。”很大程度上说，依托于特定区位的工业化与城市化所引发的全国范围跨区域的人员、资金以及认知的交换，部分乡村的荒凉与凋敝，是20世纪80年代以来持续40多年的巨大进步。全球—区域—国家—城市—小镇—乡村乃至郊野，这是一个资源交换与空间选择的系统。曾经土里刨食的老百姓不种地了，曾经人欢马叫牛哞哞羊咩咩的村子也荒芜了，这不全是问题，而是发展成就的一个侧面。

乡村逐渐空心化，这也有积极的积极意味，那就是离开村庄的人都去追求自己想要的生活去了。村子也依然有的，只是不再有那么多的人了。房子会依照城镇化的规律以及人们在城里过上了安心的生活就会慢慢淡忘村子。有些村民花几十万将农村里的房子重新翻盖，这不得不让我们思考这件事情是利大于弊还是弊大于利。一方面，他的工作不在村子里，一年也回不了几次家，但还是把在城里积累了十年打工的钱在村子里盖了一个房子，看起来村子确实新了；另一方面，农民的收入就那么多，大部分都花在了房子上面，他们又被这个房子套住了，在发展中就有了更多的顾虑。在我看来，新农村不只是房子新，更多的是因为有“新的人”在村子里找到了谋生的机会——也就是现代产业的发展，吸引了更多的新人愿意回到乡村、振兴乡村。

什么是社会发展？就是在仍有传统回乡过年情结的当下，车子走在山间小路的时候：一个个自然村都几乎快倒塌了，曾经山沟沟里的梯田也草长莺飞了，小时候砍柴的山岗上大树参天野猪乱拱了，不应当悲伤，而是高兴与欢乐！城市化—工业化—全球化所带来的生活红利借由“涓滴效应”跨越了城乡，到了乡村深处。要用全球化与系统观的视角来思考这种不可逆转的规律：为了美好的生活，尽管心里有搁不下的乡愁，但还是坚定不移地进了城。

这样的境况下怎样搞乡村振兴呢？我们应该坦然接受部分村子会因为城镇化、工业化的推进而逐渐消亡，要精准地谋划乡村振兴的资金分配，把重要的资金花在人的身上而不是固定资产身上，引入更多有想法、能发展乡村的“新人”，而不是留下没人住的“新房”。

乡居是城乡双向流动中的一种“选择的权利”。城里的人可以下乡搞现代农业，也可以买一栋农民的房子小住，这是一种选择。村里的人进了城，也不会受到什么歧视，而是能够享受城市的公共设施和服务。慢慢地，城乡之间不再是一种难以逾越的社会隔离，而是不同的人有了社会保障之后的一种空间选择或生活方式的偏好。

因此对于乡村振兴来说，还有更好的选择。这种选择需要用机会成本的视角去思考，用未来的人力智识转型来拥抱一个更美好的城乡融合的社会。

加快构建现代乡村产业体系，发展新型农村集体经济

【编者按】

习近平总书记指出：“推进农业现代化是实现高质量发展的必然要求。”全面推进乡村振兴，关键是实现产业振兴。当前农村产业发展仍然面临规模小、主体弱、链条短、同质化等问题，需要通过促进产业融合，强化数字赋能，完善利益联结等方面，加快构建现代乡村产业体系。本期对话邀请了来自学界和业界专家，围绕乡村产业振兴展开对话，探讨乡村产业高质量发展的实践路径。

【对谈专家】

杨兴锋　广东省人民政府文史研究馆馆员、南方日报社原社长

万俊毅　华南农业大学农业产业发展研究中心主任、教授

谢治菊　广州大学乡村振兴研究院院长、教授

肖乃玉　仲恺农业工程学院食品学院副院长、教授

林　炜　广东省现代社会评价科学研究院理事长

杨兴锋（广东省人民政府文史研究馆馆员、南方日报社原社长）

在新的历史条件下来谈乡村振兴，不能再用传统的办法、传统的途径。在数字化时代，数据已经成为农业生产的新要素，信息技术已经成为农业生产的新工具，互联网已经成为乡村全面发展的新载体。在新的历史条件下，我们必须大力抓好数字乡村的建设，数字乡村是乡村高质量发展的必要途径。我认为，数字乡村建设应该达到四个目标，第一是生产的智能化，第二是销售的网络化，第三是管理的数字化，第四是服务的在线化。

我知道，我们阳西是数字农业的试点，但是前段时间我们做了一个调查，发现广东农村的数字化水平跟浙江相比还有很大的差距，浙江农村的数字化水平已经达到68%，全国的平均水平是35%，广东连35%都达不到，所以我们虽然创造了一些经验，但是这些经验都是很零散的、不成系统的。我很高兴看到刚才吴志才教授在这里搞陪伴式的这个研究，由他们把数字化的实验室放在塘口，很希望我们阳西在数字乡村建设这个方面创造经验，在全省推广。

万俊毅（华南农业大学农业产业发展研究中心主任、教授）

党中央高度重视“三农”工作，坚持不懈把解决好“三农”问题作为全党工作重中之重，强调产业振兴是乡村振兴的重中之重。十多年来，广东和全国各地一样紧抓重中之重工作，粮食产能和重要农产品供给、乡村联农带农富民产业、农村生产生活条件和农民精神风貌得到稳步提升，乡村振兴取得阶段性重大成就。我认为，阳西乡村产业发展跟广东一样非常有亮点，当然我们开这个讨论会不仅仅是讲亮点，更多的是要找问题。接下来我将从问题和措施两个方面来简单谈谈。

首先来谈谈问题。我认为，目前广东在实践上未能全面落实产业振兴的重中之重地位。由于自然风险和市场风险“双高”内生涉农产业弱质性，城乡二元体制造成农业农村历史欠账过多，制度变迁路径依赖导致重农导向考核体系未能加快健全，诸多因素叠加交织使得重中之重地位在实践层面并没有得到全面落实，以致广东在高质量发展走在前列和全面建设农业强省征程中最艰巨、最繁重的任务仍然在农村。其实，就城乡发展仍不平衡和区域发展仍不协调而言，广东只是全国的一个缩影，但放在全国GDP第一大省的“大省小农”情境之下，“珠三角强而粤东西北弱”“城强乡弱”“工强农弱”现象尤为明显。

较之于浙苏闽，广东农村居民家庭人均可支配收入与这三省差距越拉越大，其中2021年浙江农村居民家庭人均可支配收入比广东高出58%。从收入来源结构看，2021年粤浙苏闽农村居民家庭人均经营净收入分别为5438.8元、8527.2元、7022.4元、8586.3元，提高农民经营净收入是未来广东发展乡村产业的着力点。四省之中，广东乡村人口数量最多，但第一产业法人单位数却是最少。对照高质量发展走在前列的标准，广东乡村产业振兴亟需加速提质增效。

谈完问题，接下来就需要谈怎么解决问题。我认为，现阶段需要多措并举推进广东乡村产业高质量振兴。新年伊始，广东全面推进“百县千镇万村高质量发展工程”。这是国家“百县千乡万村”乡村振兴示范创建行动的升级版，是南粤大地全面推进乡村高质量发展的行动宣言。多措并举推进产业振兴，应是广东乡村振兴的重中之重。

推进广东乡村产业高质量振兴，一要强化党建引领，加快健全重农导向的考核体系，尤其注重设置乡村涉农产业的投入数量、投入占比、投入增长、产出转化和联镇帮村带户富农绩效指标。二要坚持规划先行，构筑县镇村相互衔接的主导产业体系，以改革和科技攻关破解乡村特色产业链发展的难点、痛点、堵点问题，推进产城、产镇、产村融合。三要深挖利用资源，用好山水田林湖草海，延伸农业链条，拓展农业功能，做好“土特产”文章，稳定粮食和重要农产品供给，提升涉农产业供应链韧性。四要促进产业聚集，建实“点—链—带—圈”纵深嵌套的乡村产业聚集平台体系，做强“链主”企业和农民合作社，构建小农户有机嵌入现代农业发展的经营体系。五要夯实产业基础，推进县城、重点乡镇和特色镇村一体化建设，推动基础设施向镇村延伸和城乡基本公共服务均等化，让广东农村基本具备现代生活条件。六要优化产业环境，增强深化改革的系统性、整体性和协同性，压实五级书记抓乡村振兴的责任，构建涉农财政资金投入富民兴村产业的容错机制。

谢治菊（广州大学乡村振兴研究院院长、教授）

乡村振兴呼唤集体经济壮大，集体经济壮大可促进乡村公共性重塑。集体经济是乡村具有公共性特征的经济基础，这种公共性在现代社会、工业生产和市场经济的多重离心力下正慢慢消失，使乡村社会关系和社会结构不断崩塌，反过来阻碍乡村集体经济的发展。为消除这种阻碍，“三变五合”改革应运而生。该模式以乡村集体经济再生产为焦点议题，通过动员、经营、合作、共享的治理叙事，对构成乡村公共性的组织要素、资源要素、关系要素、空间要素进行重塑，进而构建新型乡村共同体，实现集体经济再生产，促进乡村公共性重塑。

可以说，集体经济再生产对于乡村治理有着不言而喻的助推作用，从公共空间、公共资源、公共组织和公共关系四个方面推进了乡村公共性建设，增强了基层社会治理能力。同时，乡村公共性重塑反作用于集体经济再生产，两者之间形成良性互动，具有内在关联性。当然，不可否认，当前集体经济再生产对于乡村公共性的重塑作用有限，存在的不少困难障碍亟待解决，具体包括：集体经济产生效益有难度、产业规模发展有难度、土地有效整合有难度、人才体系供给有难度，当然也包括利益联结机制尚不健全，农民个体收益和集体收益的比较收益不突出，难以激发农户的内生动力等问题。为此，建议在推进集体经济再生产过程中，需厘清存量与增量、流量与容量、个体与集体之间的关系，完善相关法律法规，为农村集体经济的发展提供法律遵循；统筹乡村产业发展规划，探索多种发展模式；构建紧密的产业化利益联结机制，充实乡村集体经济建设人才。

总之，乡村集体经济嵌入到乡村社会，对于激发集体组织活力、缔造新型乡村治理共同体有较好的作用。虽然集体经济之于集体能动性的重要意义隐含着集体经济状况决定着集体的治理资源和治理效能的基本逻辑，但集体的治理结构能否有效支配和驾驭这些资源却存在相当的不确定性，这说明发展壮大集体经济不应局限于经济发展目标，还应着眼于激发集体的政治活力，推动乡村治理的革新，提高村庄治理能力。加之《中华人民共和国农村集体经济组织法（草案）》明确将从法律制度上确保集体经济组织成员的知情权、参与权、表达权、监督权，这不仅有利于防止集体合作社内部被少数人控制和外部资本侵占的现象，更有利于提升农民组织化水平、增强基层治理能力。因此，村党支部可以依托集体治权，实现生产资料的集体所有权和分配权，并通过“统分结合”的治理机制重塑乡村公共空间、公共资源、公共组织等乡村公共性，进而将大量的集体资源转化为基层治理能力，巩固党在农村的执政基础。

肖乃玉（仲恺农业工程学院食品学院副院长、教授）

我是做食品科学的。那么第一点就是一定要深挖村镇的关节。根据资源禀赋要对它进行精准的、差异化的定位，这个定位要考虑到怎样与镇和县这一级别相融合。

第二点，我们要用三把剑来打通两张牌。具体来说，就是要用高科技、顶层设计和务实治理这三把剑来打通特色农业和休闲康养这两张牌，让它们进行互通互融。

确切来说，刚才我们村支书讲了东西卖不出去的问题，事实上当你进行差异化定位之后，特色就出来了，特色出来之后品牌就出来了，品牌出来了，事实上是可以赋能休闲康养的。休闲康养大内容的宣传出去了，就有可能带动销售。如果这时候高科技跟上了，那农产品是想去哪就去哪。

对这里面的高科技，我说两点，第一是“最后一公里”的问题。我们对于村这一关主要是以先销为主，在这个前提下，县镇村的配送体系能不能保障？在深加工层面，能不能满足境外对食品添加剂、常温链配送等诉求？第二是营销的技术问题。我们的休闲康养能不能结合当前的虚拟现实等技术，把农产品的特色附带宣传出来并实现销售？这就是用三把剑打通两张牌的互通问题。

林炜（广东省现代社会评价科学研究院理事长）

关于乡村概况，杨社长刚才也做了一些简单的介绍，我认为，数字乡村对未来乡村治理的影响应该是全方位的。但最重要的两点，我归纳是：第一，数字技术催生的去中心化乡村治理结构的出现，使乡村治理由传统的封闭性转向开放性。这一点必将极大地推动乡村自治能力和民主化的进程，然后加快农村治理的现代化转型，这也是我们要实现农村现代化的一个很重要的内涵。第二，数字化将重塑我们乡村治理的制度体系。在座的都是专家学者，还有乡村振兴国策的执行者、实践者。在未来，我们在重构乡村治理制度体系时，我认为是不能忽略数字化的技能、数字化的思维跟数字化的认知的，这些因素一定要结合进去，不能再用传统的思维方式去架构乡村治理的未来体系。

提升基层治理水平，激活乡村振兴内生动力

【编者按】

治理有效是乡村振兴的重要保障。新的历史阶段对有力有效推进乡村善治提出了新要求，提供了科学理念和方法指引。目前，部分乡村出现空心化、原子化现象，地方农村基层党组织软弱涣散，农村基层民主管理制度不健全，面对繁重的乡村治理任务，一些地方的乡村治理理念、方式和手段与乡村振兴的现实需要仍存在差距。为保障乡村振兴目标的顺利实现，改革与创新乡村治理体系迫在眉睫。本期对话特别邀请相关领域专家，围绕基层治理的重点问题展开讨论，共同探讨提升基层治理水平，激发乡村振兴内生动力的路径。

【对谈专家】

马卫华　广东第二师范学院党委书记、研究员
王永平　南方智库专报主编、广州市委党校原常务副校长
李　黎　广东省人民政府参事、广东省海上丝绸之路重点实验室副主任

林辉煌　华南理工大学公共政策研究院研究员
文　宏　华南理工大学社会治理研究中心主任、教授
桂　华　武汉大学社会学院副院长、教授

马卫华（广东第二师范学院党委书记、研究员）

教育的问题是老百姓特别关心的问题，也是老百姓对美好生活的向往和要求。稀缺的优质教育资源是大家都非常期盼的。

在谈教育问题之前，我认为应该首先给县域定位。广东的“百县千镇万村高质量发展工程”立足于县、镇、村不同功能定位的科学把握上，要求统筹好县的优势、镇的特色、村的资源，把县、镇、村的短板转化为高质量发展的潜力板，推动城乡区域协调发展朝着更高水平和更高质量迈进。这是对习近平新时代中国特色社会主义思想的世界观和方法论的有效运用，具有鲜明的目标导向、问题意识和系统观念，为广东的乡村振兴描绘出了一幅更为宏伟的蓝图。

在这样的定位之下，县域宏观上应该怎么做呢？我认为深入推进实施“百千万工程”要坚持全面统筹，直面痛点问题，立体化、系统化推进“百千万工程”。广东乡村振兴的主要痛点体现在城乡区域发展不平衡。这是广东的基本省情，也是广东高质量发展的最大短板。对照党的二十大的战略擘画，深入审视广东所处历史方位，就会发现广东实现高质量发展的突出短板在县、薄弱环节在镇、最艰巨最繁重的任务在村。第一，县域经济总量较小、增长较慢、总体发展水平较低，县域经济整体实力不强。第

二，县、镇、村内生动力不足，一体化发展政策不健全；部分脱贫人口持续稳定增收面临压力，不少乡村产业基础薄弱，乡风文明建设任重道远。第三，城乡二元结构问题突出，资源要素由农村向城市净流出局面尚未根本改变，欠发达地区和农村地区投入不足，部分地区发展基础条件仍然相对落后等等。正是基于此痛点，我们要正确把握和落实好“百千万工程”的方向和任务，紧密围绕“县”“镇”“村”三个抓手，进行全局性谋划、战略性布局、整体性推进，推动城乡区域协调发展朝着更高水平和更高质量迈进。

明确了县域宏观层面的做法之后，我们再来看教育在县域乡村振兴中的定位和做法。我认为要以高等教育赋能乡村振兴，推进“政产学研用”深度融合，助推高质量发展。高等教育是科技第一生产力、人才第一资源和创新第一动力的重要结合点，在科技创新体系中起着举足轻重的作用，是实施创新驱动发展战略、乡村振兴战略的重要引擎。高校积极参与乡村振兴也是扎根祖国大地办大学的本质要求和高校实现服务社会价值的重要途径。在全面推进乡村振兴的历史进程中，高校在人才、科研、文化等方面具有鲜明的优势，应自觉担负起历史使命与责任，成为乡村振兴战略科技创新和成果供给的重要力量、高层次人才培养集聚的高地和政策咨询研究的高端智库。第一，高校要成为乡村振兴的“技术策源地”。高校要创新现代农业产业的核心技术，为现代农业高质量发展提供有力的科技保障；同时加快技术转化，提升乡村容貌，实现农业生态安全和乡村生态宜居的同频共振。第二，高校要成为乡村振兴的“智囊团”。高校要依托学科优势和人才优势，引导、鼓励学校科研机构和学术团队，锚定乡村振兴过程中的痛点、难点问题，发挥在服务地方经济社会高质量发展的战略研究和政策建言等方面的重要作用，提升决策研究水平，成为乡村振兴的“智囊团”。第三，高校要成为助力乡村教育文化高质量发展的重要力量。党的二十大强调，教育、科技、人才是全面建设社会主义现代化国家的基础性、战略性支撑。习近平总书记指出：“建设教育强国是中华民族伟大复兴的基础工程，必须把教育事业放在优先位置。”实施乡村振兴一定要重视乡村教育的高质量发展，要积极发挥教育在助力乡村振兴中的基础性、先导性作用，进一步巩固拓展教育脱贫攻坚成果同乡村振兴的有效衔接，引领创新，提升发展。

王永平（南方智库专报主编、广州市委党校原常务副校长）

今天我用一个要点、三个作用来总结“百千万工程”中乡镇应该发挥什么功能的问题。

一个要点就是乡镇的定位。在乡村振兴的过程中，乡镇的定位应该是最关键的聚散点。为什么？第一，中国最基层的政权就是乡镇，自20世纪80年代“撤社建乡”以来，作为基层政权的乡镇就在落实党和国家的农村政策、促进农村经济发展、维护农村社会稳定等方面发挥了不可替代的重要作用。第二，我们讲乡下、讲回乡下，就是说乡镇以下才叫乡，而不是县，县实际上是个中小城市。我们必须对县、乡、村做出边界上的划分，并且明确它们的基本性质，这样才能做好各自的基本定位，扬长避短，实现资源利用效益的最大化。这样我们才能明确——乡镇——才是直接对接各个村的关键枢纽。第三，只有乡镇是跟老百姓、跟村民、跟村里对接的，它最具抓手，最熟悉农民，离农村也最近。像昨天晚上演戏，村里搞不定，县里太远，只能在镇上。

那乡镇应该发挥什么作用呢？我认为有三个方面：第一，给村里面提供最基本的公共服务。第二，治理和服务，这是一个重要节点。第三，以聚为主，聚人气、聚产业、聚资本、聚服务、聚人才、聚学校等。阳西现在的8个乡镇是各具特色的，只要这8个乡镇搞定了，阳西就大有希望。

李黎（广东省人民政府参事、广东省海上丝绸之路重点实验室副主任）

作为一名女性，我更关注女性的潜能如何在“百千万工程”中发挥出来。我们都知道，科技数字来临以后，不分男女老幼，也不分城乡，迅速地影响了全社会，大家都跨入了数字时代。我的思考：第一个是要注重激发女性的潜能，第二个是要与国际关注女性的话题接轨，第三个是要注重女性科技知识的培训。在广东2022年的人口普查中，广东常住人口1.26亿，其中女性5900多万，接近6000万，这6000多万女性散落在广东的方方面面，这些女性的潜力如果发挥起来，对高质量发展是非常好的助力。我们来看，在高科技发展方面，美国早在18年前，就提出要注重培养STEM人才，这是指什么？实际上就是指要提高科学（Science）、技术（Technology）、工程（Engineering）、数学（Mathematics）四方面的培养和教育，这是现时代全球竞争力的关键。在18年前美国就已经有了这样的一个观念。去年有一个调研也是国际的调研，相关数据显示在中国的受访者中有93%的人认为中国在STEM的教育是非常少的，女性就更不用说了。所以拥有这方面知识的女性是非常少的。同时我觉得刚才大家也讲了，女性和长者和儿童散落在村镇的比较多，现实生活中女性培伴0岁到10岁的儿童的情况是比较多的，如果这些女性完全不懂得科学知识，是没办法守护和培育孩子爱好科学的点点星火的，这个也是我觉得对未来守护青少年的培养科学爱好的一个重点。我认为在高质量发展中注重女性的科技能力知识的培养是非常重要的，今年2月11日在纽约联合国总部召开的一个会议上，这一天是妇女和女童参与科学国际日，会议专门讲了妇女儿童的科学可持续发展。在2月16日由教育部在北京召开的第二十三届中国教育国际年交流会上也提出了数字赋能，科技创新女性时代的使命与优势。其实女性的科技知识的普及和在专业领域的这种培育是非常值得我们关注的。在这方面我认为，科技时代的来临是不分城乡和农村的，有时候我们觉得是不是村镇在这方面就不如城市快，我个人理解还是应该注重培养农村女性这方面的知识，因为她们在生产生活的第一线，在生产生活中、在创新创业中可以发挥她们的潜能。随着Chat GPT智能机器人的出现，女性从事的职业有很多，像客服、售票员、收银员、平面设计师、会计师，还有内容科创记者等等。这些女性从事比较多的行业，将面临被这些智能机器人所取代的危机。所以我觉得如何发挥我们近6000万的女性走进数字科技时代，把这些散落在百县千镇万村中的女性，集中起来培养她们的科技知识，为高质量发展助力，重要的是要培养一支懂科学、懂农业、爱农村、爱农民的女性人才队伍，助力广东高质量发展。

林辉煌（华南理工大学公共政策研究院研究员）

2023年初，广东省委农村工作会议暨全面推进“百县千镇万村高质量发展工程”（简称“百千万工程”）促进城乡区域协调发展动员大会在广州召开。省委书记黄坤明指出，广东实现高质量发展的突出短板在县、薄弱环节在镇、最艰巨最繁重的任务在农村。随后，全省推动产业有序转移促进区域协调发展工作会议在广州召开，黄坤明指出，要把推动产业有序转移作为实施“百千万工程”、促进区域协调发展的重要举措抓好抓实抓落地。

理解县域发展的第一个维度是“经济—治理—公共服务”三个问题。第一个问题是县域经济。对于90%的普通县，如何实现从稳定极向发展极的“惊险一跃”？在这种情况下，我们需要重新定义县域经济，要看到县域经济的富民属性和乡村属性以及意义。第二个问题是县域治理，关键是建立县—乡—村的治理共同体，真正让每个层级的组织都能够发挥它应有的功能。第三个问题是县域公共服务，推动公共服务从县城向乡村有效延伸，实现教育、医疗和养老相对公平的配置，回应乡村公共服务需求。

理解县域发展的第二个维度是“县—乡—村”三个层次。从县域层面来看，产业振兴是一个重要但困难的工作。产业转移是比较常见且有用的一种方式。然而，不考虑产业的特性和迁入地的资源禀赋，率性的产业转移往往会以失败告终。大致来说，迁入产业的特性应与迁入地的资源禀赋大抵相当。一旦迁入的产业与迁入地的资源禀赋不相匹配，生产成本可能不降反升。从阳西工业园十几年的发展历程来看，虽然目前的总产值不算太高，但是迁入的调味品产业与阳西当地的日照时间长、水质条件好具有极高的契合度。而海上风电产业之所以能够在阳西落地，显然与阳西颇有竞争力的海域资源息息相关。另一个非常重要的板块就是县域公共服务。阳西在这方面的做法也是可圈可点，特别是在紧密型的县域医共体建设方面，在广东具有典型的意义。不过，目前阳西在基础教育领域也面临欠发达地区普遍的痛点：缺少县域教育共同体，优质教育资源难以延伸至镇域。

乡镇在“百千万工程”中是一个难点。它上连县级政府，下面要对接村集体和农民，需要具备强有力的协调和转化能力。如何做好乡镇的定位，卓有成效地开展工作，是“百千万工程”的重中之重。作为国家政权最基层的一个建制，乡镇各方面的资源很不充分，既没有县政府的财政资源，又没有地方精英的声望资源。但是国家对乡镇的期待又非常高，它必须把农民组织起来去完成农业农村的现代化。整体来说，对于大部分的镇域来说，核心工作是社会治理和农业基础设施建设。二三产业很难在镇域生根发芽，发展成功概率不高。基层社会治理的要义就是走好群众路线，切实回应广大农民的真实合理需求，其中的关键就在于想方设法完善农业基础设施建设，特别是推动农田的适度规模经营和农田水利设施的建设维护。村庄的尺度是微观的，但也是最复杂的。“百千万工程”能否取得成效，最终还要看相关的政策能否在村庄落地。从根本上讲，村集体要承担的是如何将分散的小农组织起来进行更便利的生产生活。例如，将农民组织起来进行土地调整，实现“小田变大田”；将农民组织起来进行渠道清理等小型水利设施的管护；将农民组织起来进行人居环境整治；等等。从调研情况来看，上述这些问题都不容易解决，需要花大功夫。

理解县域发展的第三个维度是“人—土地—技术”三种要素。在人的要素方面，人的组织化，一方面是农民要组织起来，另一方面是村干部要组织起来。可以认为，组织化是农民和村干部实现现代化的基本要求，核心就是以集体的方式实现人民群众当家作主。在农村老龄化和空心化逐渐严重的情况下，农民的组织化能够降低生产生活的成本，有利于在村农民获得更好的生活体验。当然，仅仅依靠农民将自己组织起来并不容易，基层政府和村集体应该承担起组织化的职能。

在土地要素方面，农村土地要整合起来。改革开放已经40多年，我们的农村集体土地制度如何让农民更好地耕作，尤其是如何打破当前土地碎片化的格局，非常值得研究。当前，很多地方试图依靠资本来完成土地的整合工作，这在缓解地方政府财政压力方面具有一定的作用，但不一定是最理想的方案。我们认为，强化集体的统筹能力，将农民自身的力量动员起来进行土地整合，并根据农民的实际需求进行土地的适度规模配置，这样可能会有更好的效果。

在技术要素方面，技术同样需要整合。我们应当充分看到技术力量在乡村振兴中的重要性，同时确保下乡的技术真正做到以人民群众的利益为中心，切实惠及所有的老百姓。对于广大在村农民来说，最需要的技术包括机械化的技术、病虫害防治的技术、高标准种养的技术等等。然而，目前农村在这些技术方面的供给是严重匮乏的，农民几乎只能依靠自己的经验进行农业生产，很难实现农业生产的现代化。我们建议，政府应强化农业生产技术的开发，特别是建立能够服务于小农经济的技术体系，毕竟在很长一段时间内，小农经济依然是广大农村的基本经济形态。

文宏（华南理工大学社会治理研究中心主任、教授）

我用“一二三四五”谈谈我对农业农村现代化的理解。实际上是一个目标——高质量发展的共同富裕的目标；两个板块——城市和农村之间如何去协同；三个领域——农村农业农民的现代化，特别要关注人的现代化；四个层级——农村农业的现代化当中的市、县、乡、村；五个方面的要素——人、财、服务、信息、资源。

回顾乡村振兴的路径，总体可以概括为四个转向：价值定位的转向、发展任务的转向、城乡关系的转向和发展特性的转向。一是在价值定位上，乡村振兴由后备转向主力。党和国家对乡村所作出的价值定位，都是以国家发展与现实环境为出发点，不同时期面临的国家形势不同，党和国家对乡村所作出的价值定位同样具有差异。总的来说，结合我国的发展历程，新中国成立后的乡村价值定位，大致经历了由支持城市发展转变为补齐发展短板，再转变为城乡共荣发展，其中体现的是乡村由发展后备军转变为发展主力军的趋势。二是在发展任务上，由乡村建设转向乡村振兴。不同价值定位下的乡村发展，在发展任务上也各有差异。在支持城市发展的价值定位下，我国的乡村发展处于支持城市建设的需要，其主要任务在于开展乡村自身建设，如生产生活建设等，以保障基本的生产生活需求，从而保证农产品的稳定供应。在补齐发展短板下的乡村定位，城乡差异及其他乡村问题得到国家的关注与重视，缩小城乡差异、解决农村问题成为国家发展的任务要求，发挥城市对乡村发展的带动作用，工业反哺农业，采取多予少取放活方针，开展新农村建设。在城乡共荣发展价值定位下的乡村振兴，突破以往农村发展的被动地位，重视乡村自我发展的主动性与积极性，发挥乡村发展的主导作用，充分激发乡村发展的活力与动力，构建城乡命运共同体。乡村建设过程是连续而发展的，乡村建设、新农村建设、乡村振兴过程中开展的具体建设任务，为我国实现美好乡村发展愿景打下了坚实的基础。三是在城乡关系上，由城市主导转向乡村主导。在不同的乡村发展模式下，城乡关系也具有差异。自新中国成立以来，随着乡村价值定位由支持城市发展向发展主力军的转变，在具体的城乡发展过程中，城乡关系也由城市主导乡村发展逐渐转变为乡村自我主导发展，大致经历了乡村支持城市的单向输送汲取关系，城市反哺农村的城乡互动关系，以及发挥乡村主动性的城乡平等关系三个转变。四是在发展特性上，由国家主导转向市场调配。我国乡村发展特性的转变趋势可归结为：由国家主导向城市调配转变。具体来说，我国乡村发展呈现以下三种阶段特性，即国家主导乡村发展、引入市场机制发展、市场调配发展，三种发展特性与各时期的制度环境密切相关，是国家发展一脉相承而体现出的阶段特征。

当前我国村庄面临什么样的一个问题呢？在市场经济的冲击下，乡村原有的秩序、资源以及相关组织形式，在城市的竞争过程中处于劣势，大量的人通过考学、考兵，或者参军，优质的人都走了，村庄只剩下老弱病残。另外，在很多要素的竞争过程中，乡村没有一个很好的机会，所以它竞争的产品质量达不到要求。而从乡村产出的要素来讲，它没有办法更好地去呈现出自己的一些优势，导致在市场竞争中，在人的区域性选择过程中，村庄走向了衰败。

对于广东的村庄，我们应该怎么去看？曾经有人讲过，最富的在广东，最穷的也在广东，我们跟江苏和浙江相比，存在着县域经济上面的很大的差距，为什么？一是强化县域经济。从县域上来讲，广东的县，珠三角与粤东西北的差距太大了。改革开放以来，粤东西北地区在全省经济总量份额的比重，已经从1978年的47.5%下降到2021年的19.12%，珠三角城市的经济份额却不断攀升。《中国县域统计年鉴》相关数据显示，2021年，广东由57个县（市）组成的县域经济，以占全省国土面积的71.74%、户籍人口的46.71%以及常住人口的28.15%，仅产出全省GDP总量的12.49%。珠三角城市对周边区域产生了巨大的虹吸效应，县域的能力以及它的资源统筹力不够，支持不强。二是实现镇域专业化发展。从镇域方面来讲，如果在珠三角或者粤港澳大湾区发展得比较好的，那它一定是在专业品质里面实现了专业化和规模化的发展，粤东西北如果有好的地方，也需要在这个方向上发力。例如，东莞横沥镇、虎门镇，中山小榄镇等专业镇为代表的广东地区产业依据自身实际情况与基础优势，充分发挥地区公共创新平台、高校院所、龙头企业、多种创新要素等在地区协同创新网络构建过程中的关键驱动作用，推动创新资源集聚、人才集聚、技术集聚、资金集聚，通过专业化和规模化发展地方产业集群。三是党建引领增强村庄吸引力。从村域方面来讲，重要的是如何把有能力的人吸引回来，更好地组织产品的形式实现良性竞争，获得一些利益。我认为，这其中比较重要的一点是要做好党建引领。我在佛山调研的时候，某村党委坚持将党建引领作为乡风文明建设的“引擎”，重点围绕党组织建设、产业发展、乡村改造、环境整治等工作，以法治推进现代治理，以德治促进乡风文明，以自治激发民主活力，形成了“党建作统领、经济民生作两翼”的思路，有效推进了乡村治理，实现了短期内的治理蝶变。四是做好资源的综合统筹与分配。在资源的分配方面，能够从政府的角度、市场的角度、社会情感的角度，让村民感受到在村庄的生活工作有未来、有梦想，有新的发展潜力，这就是乡村振兴最本质的人的价值和人的方向。

桂华（武汉大学社会学院副院长、教授）

中国式现代化的重点一个是经济的增长，另一个站在我们社会这个角度来讲，中国式现代化有三个重要的维度，即从时间上、空间上、事务上怎么做。其实我们需要探讨一个重要的问题，即乡村振兴到底要解决什么问题？它到底是解决经济基础还是上层建筑？

乡村振兴中“三农”工作是党工作的重中之重。为什么这么重要呢？因为乡村振兴是作为经济基础去建设的。中国式现代化中的一个重点是粮食安全。农产品供给是农业的一个重点，需要解决吃饭的问题，这是很重要的，这是一个局部问题，也是一个具体的问题。“三农”工作作为党的工作中的重中之重，从中国式现代化来说也是重要的对象。但用今天的话来讲，“三农”经济只占经济的7%，乡村振兴解决的应该不是经济基础的问题，乡村振兴在整个中国式现代化进程中是解决上层建筑的问题的。今天面临的一个重要问题是，我们的政治建设非常稳定，从严治党、反腐斗争、扫黑除恶等工作都取得了较大的进展，老百姓认同度很高。但是现在面临一个很大的问题：我们党从政治上来讲宗旨是全心全意为人民服务，但在实际操作过程中政府（如党的纲领、政治领域）与老百姓的关系非常遥远，面临很多现实问题。我们能不能真正走出群众路线，这是今天面临的最大问题。

现在，农村社会发展得非常好，但在实际过程中政府把事情都委托给了第三方。具体到乡村振兴，最大的差别体现在我们所理解的乡村振兴是服务于巩固和建设我们上层建筑的东西，而不是仅仅成为一个经济基础。关于经济基础的问题，很容易解决，因为农业只有7%，所以从经济上看它不是很重要的。但是我们每年的中央财政转移支付、中央政策、中央一号文件等都关心“三农”问题。“三农”问题除了粮食之外，最重要的其实是稳定群众、稳住社会。从这个层面来说，我们党的意图、中央的政治意图应该是怎么和老百姓的需求结合起来。包括中央的转移支付、政策，能够转换为老百姓的营养，或者转换为一种社会建设，真正走出一条群众路线。

在我们推进乡村振兴的过程中，要把二十字方针中的“产业兴旺”放在首位吗？我觉得这个问题是需要讨论的。在全世界的现代化进程中，乡村会走向衰落，人口会逐渐减少，产业会工具化，这是一个阶段性的发展。除此以外，我们今天还面临着两个基本国情：第一，我们是全世界最大的发展中国家。在这样的国情下，我们在搞乡村振兴的时候不能违背客观规律，经济越发展，农业产值的占比会越低，在经济上的功能会逐步下降。在这个意义上讲，我们搞乡村振兴的基本起点应该是建设中国式现代化的稳定大后方。第二，有效应对风险。中央已经讲到统筹发展和安全，在全球发展中，中国实际上扮演了非常重要的角色。所以这二十字方针一定不能简化为“产业兴旺”，应该是有更丰富和整体的内涵，它是符合中央的需求的。不过从地方政府的角度来讲，我也非常理解为什么地方政府会把产业兴旺作为主抓任务。一般作为县委书记，他只有三年的任期，所以一般只抓一件事情。他不可能抓乡风文明，因为乡风文明领导看不见，治理有效也不容易看出来，产业则能够通过砸钱把一些点做成示范，所以现在我们见到大量的资金都到了产业的池子里。但其实这不是中央最需要的东西。

如果说乡村振兴是要搞上层建筑，那重点应该是利用好资源。第一个层面就是这些有效的资源要如何有效地利用，这就涉及城镇化的问题。过去10年的发展带来一个比较大的麻烦：农民的生产产值化为县城里面的各种负债。农民现在的金融负债非常高，这样的经济发展模式带来的问题就是有非常多的房子，例如武汉有将近20万的二手房卖不出去。所以在县域城镇化的建设当中，县城是作为城市的脚还是乡村的大脑？让财政转移支付的资源变成有效的服务，让农民过上不差的生活是需要考虑的问题。第二个层面就是中央财政转移支付。每年“三农”资金要怎么花是个问题。比如这个村里一年给他30万，让老百姓决定怎么花、怎么干，这30万就能撬动整个村庄的活力。怎么说呢？政府给30万，之后，老百姓想建设就会自发筹款继续干，那政府的这30万就可以激发农民的主体性。第三个层面就是人民的动员。这要解决的是公共服务供给的关键问题。通过转移支付实现对老百姓的动员，把农民变成有政治性、组织性的群体。假如说我们每年拿出3000亿，每个村庄能不能解决自己发展的问题？我想是有机会的。因为今天的老百姓都是个体，农民权利意识很强，如果只对市场好而不对人民好，大家是看得到的；但如果给了人民发展的机会，那他们则是非常乐意抓住机会发展自己的。

广东百县千镇万村高质量发展的地方探索

【编者按】

广东百县千镇万村高质量发展的实践探索，是将乡村振兴的各项政策、规划和理念转变为具体行动，实现从概念到实践的有效落地。这一实践过程不仅是验证和完善理论的重要手段，也是推动农业农村发展的关键探索。通过各地区实践经验与观点的分享，我们对各项措施和政策的可行性与有效性有了更全面的了解。实践过程中所积累的经验和教训以及目前所面临的困难与短板都对广东百县千镇万村高质量发展的推进具有重要意义，为后续措施的改进与调整提供了宝贵的契机。因此，我们邀请了“百千万工程”典型县、镇、村从不同维度为我们分享实践经验，为乡村振兴事业的推进提供有益的参考和指导。

阳西县：科技赋能，以特色产业激发县域经济活力

阳西县位于广东省阳江市。近年来，阳西县委、县政府在发展策略和规划布局上做好顶层设计，以全局视角做好统筹规划、谋篇布局。把乡村建设作为服务农民的保障型体制机制，重

点帮扶、巩固提升、先行示范，推动了从农村向全镇统筹发展的转变。

一、“粤海粮仓+蓝色能源”新样板，壮大县域经济

阳西县拥有绿色能源、绿色食品、临港产业三大产业集群，以推动“一区五园”产业平台建设，加快构建“绿色、向海、融湾”现代化产业体系，高质量发展迈出坚实步伐。

首先，阳西县的绿色能源产业集群日益壮大，“风火储”多能齐发。在海上风电方面，阳西县依托其优越的地理位置和丰富的风力资源，积极引进国内外先进技术，推动海上风电产业快速发展。目前，阳西县已建成全世界最大的海上风电厂，总装机容量超过1500万千瓦。此外，阳西县还建成了全国首个漂浮式海上风力发电机组，进一步提升了海上风电的技术水平和经济效益。除海上风电外，阳西县还在太阳能、生物质能等领域进行积极探索和实践。通过引进先进技术和创新管理模式，阳西县成功打造了一批具有示范效应的绿色能源项目，为当地经济发展注入了新的活力。在政府、企业和全社会的共同努力下，阳西县的绿色能源产业取得了显著成效。据统计，2023年阳西县能源产业总产值增长了21%，为当地经济社会发展做出了重要贡献。

其次，阳西县以绿色食品产业园为平台，发展预制菜等食品加工产业，引进更多食品龙头企业，打造百亿级预制菜产业强县、全球最大的调味品生产基地，构建大食品产业体系，打造从陆地、海洋到餐桌的“海水种苗、海洋牧场、预制菜、绿色食品”全产业链。阳西园区规划面积达2.29万亩，高水平实现“十一通一平”，集聚世界500强企业卡夫亨氏、益海嘉里（金

龙鱼），中国十大调味品品牌厨邦、味事达、致美斋、广味源，现有项目全面达产后产能超400万吨，占全国1/5。

再次，阳西县海域面积约5668平方公里，海域面积约占阳西县国土面积的一半，阳西县依托丰富的自然资源和海域条件实施深蓝现代化海洋牧场试点项目。第一，阳西县建设了全国最大的海洋牧场示范区。这个示范区不仅规模宏大，而且采用了先进的生态养殖技术，实现了渔业资源的可持续利用，提高了生产效率和产品质量。当前阳西县推动金枪鱼酱等50多种高端水产品精深加工，海洋产值在广东省所有县域中位居首位，大家日常吃到的海味基本都出自阳西县，2023年食品产业总产值增长10%。第二，阳西县是全国最大的海水鱼苗生产基地之一。这里的鱼苗养殖数量约占全省的80%，占全国的1/4，在全国乃至全球的渔业发展中扮演着重要的角色。因此，阳西县还打出了“乡村振兴、阳西有种！”的口号。为了进一步提升海洋经济的规模和效益，阳西县启动了丰头港的建设。这个港口设计年吞吐量为8000万吨，规划建设26个泊位，将成为阳西县乃至整个粤西地区的重要物流枢纽。

二、数字化赋能，提升全域治理水平

一是赋能特色产业发展。阳西县素有“中国蚝乡”的美誉，程村镇养蚝有着数百年的悠久历史，这里出产的生蚝也被誉为“海中牛奶”。作为程村蚝的主产区之一，红光村通过应用数字农业新装备、新技术，实现了智能化决策、精准化种养、标准化生产和数字化溯源。二是做活农村电商。近年来，阳西县本土农村电商队伍不断扩大、实力不断提升、活力不断增强，电商直播带货已成为促进特色农产品销售的重要渠道之一。在2022年阳西县乡村振兴直播节活动期间，阳西将乡村振兴与促进消费有机结合，让广大农村群众变身乡村网红，通过直播平台进一步拓宽特色农产品的销路，为“阳西味道”带货。三是治理流程数字化。自2021年来，阳西积极推行“数字化+社会治理”新模式，创新推进“数字阳西”建设，实现县域“一网感知态势、一网纵观全局、一网决策指挥、一网协同共治”。

三、聚焦群策群力，建设美丽镇村

在乡村振兴的背景下，阳西县通过政府管理的高位推动和政校企深度合作，充分发挥群众的主观能动性，共同致力于建设美丽镇村。这种多方参与、协同作战的方式，不仅提高了决策的科学性和民主性，还增强了政策的执行力和可持续性。

首先，将环境整治作为乡镇的首要任务，具体措施主要包括：融合八大产业、开展农村厕所革命、推进农村垃圾处理体系、促进污水治理提升、推进乡村风貌建设、土地流转等等，乡村发生了较大变化。在阳西县委、县政府的规划引领下，形成了以县委班子下沉乡镇、乡镇班子下沉村庄、村庄班子下沉居户的三级运作机制，保障乡村振兴有效实施。

其次，阳西县深化政校企合作，共谋区域经济发展。通过与中交四航局等30多家企业结对帮扶，阳西县典型镇沙扒镇已完成“七个一”建设，10个典型村已完成规划。其中“牧海耕田”示范带入选省十大乡村振兴示范带，获省奖励1亿元；还共同完成超7000户的农房微改造。为了进一步推动阳西县产业的发展，阳西制定了一系列优惠政策和扶持措施，吸引更多的企业和社会资本参与绿色能源项目的建设和运营。同时，阳西县还紧扣食品加工、绿色能源等产业发展需求，与华南理工大学、广东海洋大学阳江校区等知名院校开展产学研合作，支持企业创建博士工作站，设立食品产业实验室、科技专家工作站和产学研示范基地，为产业发展提供技术支撑。

再次，阳西县通过上下联动发挥群众的力量。企业要动、政府要动，尤其是老百姓要动起来。乡村振兴的关键点是要发挥老百姓的主观能动性，阳西县在乡村振兴实践中，高度重视群众的主体作用。乡村振兴不仅仅是政府和企业的责任，更是每一个村民的责任和义务。因此，阳西县采取了一系列措施，鼓励和引导村民积极参与乡村振兴中来。阳西近年来加大对于人才引进工作的扶持力度，通过招商引智行动计划，吸引更多的年轻力量走进阳西、建设阳西，为乡村建设贡献青年力量。其中，阳西县围绕广东省提出的粤菜师傅等项目培育农村新型人才，这些人才不仅可以在农村就业，还可以作为工匠评职称，从而提高了他们的社会地位和收入水平。此外，阳西县还通过培训乡土专家和“田秀才”等方式，带动产业发展和群众致富。这些乡土专家和“田秀才”熟悉本地的农业技术和文化传统，能够有效地指导农民进行农业生产和文化传承。与此同时，阳西县还积极探索党管“三农”的模式，强化党对乡村振兴工作的领导。通过建立基层党组织和党员联系农户制度，确保了党的方针政策在乡村得到贯彻落实。

鹤山市：政策助力，多元筹资策略加速乡村振兴进程

鹤山市位于广东省江门市。近年来，鹤山市积极响应国家乡村振兴的号召，依托其独特的地理优势和丰富的自然资源，在广东省乃至全国的乡村振兴工作中扮演着重要的角色。2023年，鹤山市地区生产总值达到502.87亿元，一般公共预算收入37.7亿元，在全省122个县（市、区）中分别排名第55位和第32位。同时，鹤山市的财政自给率高达78.9%，显示出较强的自我发展能力。

一、全域土地综合整治推动乡村振兴

鹤山市在乡村振兴过程中，采取了一系列有效的招商引资策略，这些策略的实施对于推动地区经济发展、提高乡村振兴的质量和效率起到了关键作用。其中，鹤山市的工业投资增长22.4%，固定资产投资中工业投资占比高达63.8%，工业税收增长42.3%。

首先，在全域土地综合整治成为推动县域经济、乡村全面振兴，推进城乡融合发展的新路径时，鹤山抢抓机遇，以鹤城镇为试点争当全省全域土地综合整治的“先行者”。在2023年12月13日的广东省首届全域土地综合整治项目推介活动上，国家开发银行广东省分行（简称“国开行”）与鹤山市人民政府签署了银政合作备忘录，计划提供200亿元的意向授信，全力支持鹤山市以

“整市推进”的方式实施“百千万工程”。同时，国开行还与鹤山市公营资产经营有限公司签订了8.1亿元的中长期融资合同，采用创新的“市带镇、镇带村”模式，用实实在在的财政支持鹤山市城镇全域土地综合整治项目的建设。此次银政合作备忘录的签署，标志着双方将紧扣省委“1310”具体部署，积极创新，共同在全省范围内探索以“整市推进”的方式、系统性实施“百千万工程”。按照协议约定，国开行将围绕鹤山市的全域土地综合整治、低效用地再开发利用、产业园区、污染防治与生态修复工程、乡村振兴等重点领域加强投融资合作，注入政策性金融活水，加快把鹤山“百千万工程”的“效果图”“施工图”转化为“实景图”。这一项目的签约不仅显示了鹤山市在土地整治方面的决心和能力，同时也吸引了大量社会资本的投入，为乡村振兴提供了资金保障。

目前，鹤山市城镇试点项目已完成方案设计，涵盖农用地整理、建设用地整理、生态保护与修复、风貌提升与历史文化保护、产业导入五大空间板块共34个项目，拟通过空间腾挪集聚、耕地增量提效、生态开治善旅、文化复兴脉络、环境提质美居等方式，构建“农田精细化、用地集约化、产业高效化、资源价值经济化、人居环境品质化”的国土空间利用新格局。

二、探索点状供地创新土地利用模式

鹤山市的点状供地项目是全省唯一的以国有建设用地出让的点状供地项目。具体来说，鹤山市的点状供地项目主要采用“征转分离”的方式进行。这种方式是由村提交集体建设用地申请，并承诺保持集体建设用地性质，获得合法手续后用于申报的点状供地项目，通过村企联营、入股合作开发的方式开展项目建设运营。这种方式不仅可以有效解决历史遗留的租赁矛盾问题，还大大减少了企业的用地成本，在一定程度上解决了部分农村人口的“家门口”就业问题。这种供地方式更加灵活高效，有利于吸引投资者关注，并为乡村振兴提供了新的土地利用模式。

在实施点状供地项目中，鹤山市自然资源部门积极与江门市自然资源局进行沟通和协调，以确保项目的具体土地规模和乡村振兴用地指标得到落实。同时，鹤山市还在江门地区率先编制并印发《鹤山市实施点状供地助力乡村产业振兴实施方案》，以规范化地推动点状供地项目的落地和实施。这一方案明确了点状供地项目的目标、原则、实施步骤和保障措施，为项目的顺利进行提供了有力的制度保障。据统计，目前，鹤山全市已有6个项目完成点状供地，总面积5.94公顷（约89.14亩），分别为宅梧源林农耕研学园、态和然茶园、香草小镇、联威茶园沉香生态茶园、共和来苏“山水人家”、古劳水乡童梦园。

通过这些举措，鹤山市不仅在经济上实现了快速发展，而且在社会、文化和生态环境方面也取得了长足的进步。展望未来，鹤山市将继续发挥自身优势，深化改革开放，推动经济高质量发展，为实现全面乡村振兴贡献更多力量。

三、激活全社会力量参与乡村全面振兴

鹤山市积极动员社会力量参与乡村振兴中来，这些民间力量的参与极大地丰富了乡村振兴的资金来源，同时也提升了项目的公益性和影响力。例如，广东省百校联百县助力“百县千镇万村高质量发展工程”行动，组织化、系统化、项目化推进高校与

涉农县（市、区）结对共建。其中，华南理工大学与鹤山市结对共建，通过发挥高校专家和校友力量，围绕鹤山硅能源、装备制造、信息技术、新材料等优势产业发展。在共和镇新连村委会荔枝园村，市红十字会支持了村道建设项目，分为两期进行，总投资达到150多万元。这个项目不仅改善了基础设施，提高了村民的居住条件，还激发了村民参与乡村振兴的热情。村民们自发地拆除废弃建筑，砍掉果树，甚至筹集资金，以确保项目的顺利进行。除直接的资金支持外，市红十字会还通过“一元爱心日”活动设立了博爱项目，近三年来共支出168万元支持了多个项目，包括学校运动场的升级改造和卫生院诊室的改造等。这些项目撬动了超过500万元的社会资源，显著改善了基层医疗环境和教学环境。另外，还有“中华慈善奖”获得者关杰初先生捐资超4亿元支持鹤山“百千万工程”项目建设，以及乡贤练氏姐弟捐资建设鹤城二小新教学楼等，这些社会力量的参与大大丰富了乡村振兴的资金来源，同时也提升了项目的公益性和影响力。鹤山市还通过发动乡贤、企业家打造半岛公园等一批绿美示范点，并建立由社会力量和党员义工各配100人组成的“双百冲锋队”，集中火力开展村庄拆违、清淤、绿化活动。

陆河县：生态为基，以政策支持发展县域生态经济

陆河县位于广东省汕尾市东北部，地处粤东沿海与兴梅山区结合部，是广东省级“林业生态县”，森林覆盖率达70.7%，拥有全国最大的红锥林自然保护区。陆河县根据自身生态资源优

势，围绕“山青、水秀、景美、宜居、宜业、宜游”的绿美目标，以“1+8+N”工作举措为抓手，打造“一点两带八样板”，扎实做好护绿、提质、增效三篇文章，推动森林质量持续提升，城乡绿美环境明显改善，绿美富民产业惠民利民。在享受了资源红利的同时，陆河县还以乡情作为链接，吸引企业主返乡创业，拉动了当地经济的良性发展。

一、通过林业碳汇交易为村集体带来收益

2023年末，在广州碳排放权交易中心平台上，陆河县7个镇37个村林业碳普惠项目以成交价63.61元/吨成功竞拍，售出约11.51万吨碳普惠减排量，这标志着来自陆河县的一片片山林完成了生态价值的交易变现，直接为村民带来700多万元的经济收入。碳汇交易作为一个新兴的概念，简单来说就是“卖空气”，即通过委托碳排放权交易所对碳普惠减排量进行交易，将一方富余的碳排放量配额通过交易给到碳排放量配额不足的企业，是一项通过市场机制实现森林生态价值补偿的措施。在以前，很少有政策能够把生态资源转化为实际的资金收入，同时给生态区的群众带来经济收益的，但是去年，在广东省生态环境厅的正确指导下，《关于同意汕尾市陆河县7个镇37个村林业碳普惠项目核证减排量备案的函》正式发布，陆河县也即刻开始了林业碳汇交易的探索。在这一过程中，先后有2个镇、8个村与当地的一家银行签订碳汇交易协议，最终每个签订协议的村或镇在年终平均增加了6000元的集体收入，实现了生态资源红利的分配与集体收入的增加。陆河县根据自身资源进行优质空气的碳汇交易的这个鲜活例子，对于省内众多国家级生态县域在保护环境和经济发展之间

找到平衡点，实现资源的经济转化具有重大的借鉴意义。虽然碳汇交易前景良好，但由于该行业对从业人员的专业性和技术性要求比较高，县一级的资源相比广州、深圳等城市来说还存在着欠缺，未来如何吸引或培养相关的技术人员，不断完善行业的规范程度也是这些生态县域未来需要考虑的问题。

二、争取到县域的地热与矿物质泉水资源开发权

陆河县由于地理位置特殊，拥有较为丰富的温泉和矿泉水资源。但在之前，县一级没有这类资源的开发许可和行政权限，因此也限制了陆河县在相关产业发展的引导和管理。尤其是对于已经在县域范围内投资开业的众多温泉酒店和矿泉水企业来说，它们经营的合法性受到置疑，也导致其进一步的开发计划受到一定阻碍。近年来，虽然陆河县委、县政府多次向上汇报这一行业窘境，希望能够给予相应的调整，但一直没有真正获得这一级别的权限。在广东省“百千万工程”实施之后，省委、省政府推进了强县改革的力度，这一举措给了陆河县一次有利的契机。于是借着这股政策的春风，陆河县再次向省里申请相关资源的管理权限并成功了。现在，省政府已经明确发文，承认县一级对于此类地热和矿泉水资源的管理调度权限。这一举措也吸引矿泉水龙头企业叁力公司在当地进行厂房建设和产线布局。在这个项目落地过程中，陆河县时刻关心着企业项目在当地的发展，牵头破解了用地规划、水源保护、废弃厂房搬迁、危旧建筑物拆除等多个难题，让企业感受到温暖，增强了投资信心，投资额从原来的2亿元增加到5亿元。

三、积极推进人才返乡机制建设

乡村的建设除了好的政策指引，还需要有人来将这种建设落到实处。陆河县推进乡村振兴战略，立足于自身的资源禀赋，深入挖掘本土乡贤资源，搭建乡贤干事创业平台，吸引了一批有热情、有理想的能人返乡追逐创业梦想。目前，陆河县已经吸引了一批优秀企业家返乡创业。如投资额约1亿元的弘大健康“畅饮方”饮料生产项目负责人陈成军说：“我的家乡汕尾陆河县好山好水好空气，回到家乡创业，既能实现自己的归乡愿望，又能体现自己的人生价值。”正是乡愁情愫引导其回到家乡，依托家乡的生态资源禀赋来研发健康饮品。如今该项目已在当地生根发芽、扎根成长，成为当地助推乡村振兴的抓手之一。除了大型项目的引入，对于留守妇女群体等，陆河县也给予了相应的就业指导，并引进一批服装加工、玩具组装、乐器制造等就业好、有活力的富民兴村产业。在政策引导的同时，陆河县也考虑了返乡创业政策指引的可持续性，正筹划在“百千万工程”大力实施期间，将建设农村公共服务设施和提升公共服务水平作为另一目标。以期通过公共设施的建设和教育文化资源的提升，将部分优秀青年引导返乡，让其在宜居宜业的乡村更好地生活，并培养下一代的乡村情感。通过乡情维系青年归乡情感，通过配套设施延续新乡民的生活。同时在广东省城市经济发展到一定水平之后，满足城市居民对生态良好、景色优美的宜居宜游小城的需求，为其提供一个城市生活之外的“世外桃源”。

塘口镇：产业融合，以资源禀赋推动镇域发展

塘口镇位于阳西县西北部，距县城9公里，辖区总面积193.39平方公里，全镇耕地面积5299公顷，是中国较为典型的农业村镇类型，也因较多的耕地资源和较为原始的生产方式，成了靠天吃饭的纯农业镇。在时代发展过程中，由于传统农业生产方式的落后与就业、教育、医疗等公共服务体系的缺乏，塘口镇的户籍人口跌至4.4万，同时在塘口镇下辖的村落中，常住人口不到2万的“空心村”现象持续显现，制约了当地的发展。在乡村振兴和广东“百千万工程”实施以来，塘口镇乘着政策的春风，迅速厘清了振兴思路，根据本镇的资源禀赋进行谋篇布局，全力推进富硒农业、温泉相关特色产业的扶持以及基础公共服务的提质升级，在乡村振兴的进程中取得了出色的成效。

一、发挥富硒产业特色，带动三产融合

2021年8月，阳西县塘口镇一块1530亩的优质土地被中国地质学会认定为天然富硒土地；次年，广东省地质学会授牌塘口镇为广东天然富硒农业产业示范基地。当地政府迅速抓住这一契机，将富硒资源优势转化为产业优势和经济优势，在做强基地、做特产品、做优品牌上持续发力，孕育出胭脂米、“红姑娘”番薯等一批优质农特产品。为充分释放富硒资源潜力，当地相关部门加大了土地流转力度，让荒地在复耕复种中完成“活化”，成为农户未来致富的香饽饽。在这一过程中，塘口镇还补齐了农

业基础设施短板，投入492万元完成了12个农田水利设施建设项目，建设陂头10个、水渠2.1公里，涉及灌溉面积约1500亩，并投入1200万元完成4000亩高标准农田改造提升建设项目。

在农业增效方面，塘口镇通过“公司+基地+农户”模式，引进企业和种植大户打造一批示范基地，建设水稻、番薯、香蕉、毛豆、辣椒、玉米等共1.2万余亩富硒农业产业种植基地，盘活6388亩“沉睡”的土地资源。在播种的同时，塘口镇在如何擦亮富硒品牌，提高富硒农产品附加值上做足了文章，注册了“塘口乡”系列农产品品牌、“花遇见蜜”蜂蜜商标助力本土特色天然富硒农产品“出圈”。塘口镇深度挖掘和充分利用天然富硒土地资源，采用“公司+合作社+基地+农户+加工厂+电商”合作模式，带动村民规模化种植各类富硒特色农作物，打造富硒土地农产品品牌。在做强基地后，塘口镇积极引入农产品加工厂，提升产品的附加价值以满足市场对健康产品的需求。好的产品也需要好的营销渠道，电商运营正帮助塘口镇实现富硒品牌的打响。塘口镇积极助力农村电商升级，开展“线下+线上”一体化销售新模式，联合多家企业创立了“塘口乡”农村电商直播基地，通过多媒体电商网络平台宣传推广蜂蜜、番薯、大豆、大米、玉米等富硒农产品到全国各地，让塘口特色富硒农产品销售搭上“电商快车”，切实解决农产品销售瓶颈问题，进一步提高塘口富硒农产品品牌的知名度和影响力。如今，“塘口乡”农村电商直播基地通过多媒体电商网络平台销售富硒农产品，总成交额超3000万元，为当地百姓带去了实际收入。

二、聚焦幸福感，提升公共服务水平

在产业发展的同时，塘口镇也在提升着全镇的公共服务水平，为创造宜居宜业的和美小镇打基础。在返贫监测方面，坚持把巩固拓展脱贫攻坚成果摆在头等重要位置来抓，使用630万元资金为52户五保户、脱贫户等安装自来水，保障群众饮水安全。在基层建设方面，塘口镇以组织振兴为纽带，夯实基层党建基础。在全面提升基层服务效能的同时，打造农村党员教育“主阵地”，升级改造党校横山分校，建成泰安堡管理服务中心；加强镇村两级干部队伍建设，配强党建队伍。在教育方面，塘口镇连续4年开展奖教奖学活动，助力5所教学点整合，助推塘口农村教育事业发展。在乡村建设方面，塘口镇持续开展“三清三拆三整治”，2023年拆除破旧泥砖房115座，完成投资额约2250万元的村道硬底化、巷道硬底化、排污管网、污水处理设施、公厕、垃圾屋等补短板基础设施项目建设，投入资金1000万元完成周南村委会示范提升村项目。在民生关怀上，塘口镇也在不断完善着村庄保洁工作机制，同时改善当地敬老院居住条件；投资700余万元建设塘口镇文化公园和割垌公园，并建成一批小公园、小广场、小球场，实现全镇16个村（社区）综合性文化服务中心、新时代文明实践站、“扫黄打非”工作站全覆盖，强化农村精神文明建设。一系列细致入微的基层服务工作，彰显着塘口镇的人文关怀，也体现着塘口镇在乡村振兴工作中的奋进姿态。

三、强化人才支撑，建设人才发展综合平台

塘口镇富硒土地的特色资源也吸引了外出的塘口人回乡投资

农业。近年来，塘口镇周南村引进了广东农达康农业科技发展有限公司，而该公司负责人叶飞正是阳西籍人。他在周南村流转承包了500亩土地，种植富硒蔬菜。该蔬菜基地种植品种包括迟菜心、豆苗、玉米，主要供应香港、珠三角等地。这一乡贤企业家的回归正是塘口镇人才引进的一个典型，而塘口镇也通过产业优势的吸引以及相应的高层次人才引进公告，吸纳了一批出色企业和高素质人才回乡建设。同时，塘口镇政府还建设了乡村振兴人才综合服务基地，集科普示范基地、高校科研基地、人才驿站、乡村振兴数字展馆、富硒科普馆等多种功能于一体。基地内设办公室、人才帮扶工作室、培训室等，为各类人才提供交流、学习平台。同时通过人才智库建设，塘口镇与华工、华农、仲恺、广东二师等高校沟通合作，吸引了20多名博士、教授等高层次人才进驻，定期邀请教授到塘口进行农业技术交流并为群众提供现场指导，为塘口发展提供智力支撑。未来，塘口镇将通过人才综合服务基地和人才智库聚人才、育人才、用人才，全面带动乡村振兴。

四、发展绿色经济，推动生态文化产业融合发展

塘口镇利用得天独厚的生态优势，以生态振兴为本底，充分发挥好山好水的特色以及温泉林道等特色生态资源，大力发展生态旅游产业。塘口镇拥有热水、周南等多处天然温泉，风光如画的桐油浸仔湾和树木葱茏的桐油山绿道。塘口围绕“打造特色温泉养生旅游名镇，建设富裕文明和谐新塘口”的发展思路，充分挖掘资源优势，全力发展特色经济。目前，塘口镇正大力推进15公里“两山”红色乡村风貌带提升工程，打造桐油浸仔湾美术

写生基地及画家村艺术民宿项目，谋划在三甲河、马山河建设两条绿道，在横山、马山和热水温泉、周南温泉等“两山”“两泉”周边发展家庭农场、农家乐、民宿，创新发展乡村旅游、康养旅游、乡村民宿等业态，促进一二三产业融合发展。塘口镇坚持“红色+绿色”共同发展，充分挖掘镇内红色文化资源，以文化振兴为灵魂，修缮泰安堡，活化梅花地、周安堡等古堡文物，有效地激活了当地的文化资源，围绕“两山”红色党建基地、横山古圩街、塘口古堡群等特色地点，集中建设了一批集农业文化旅游为一体，具有历史记忆、地域特点、民俗风情的特色文化项目。

根子镇：品牌变招牌，小荔枝撬动千亿大产业

根子镇位于广东省茂名市高州市，是一座有着千年历史的古镇。这里风景秀美，山水如画，有着深厚的文化底蕴和丰富的旅游资源。该镇盛产荔枝，驰名千里，是国家级“白糖罂”“白腊荔枝”生产基地，国家级荔枝标准化示范区，被誉为“中国荔枝第一镇”。拥有国家地理标志产品2个、国家地理标志证明商标3个，数量位于全国荔枝产区前列，全镇荔枝产业体系完备、创收颇丰。根子镇聚焦打造根子荔枝品牌，补齐深加工短板，同时向两端延伸：前端延伸做好科技农业，后端延伸做好产业品牌化和服务化，推动形成一条集水果收购加工、观光旅游、民宿餐饮等功能于一体的荔乡产业带。

一、前端：做实农业科学研发

根子镇历来以出色的气候条件和成熟的种植技术在全省的荔枝产业占据一席之地，随着产业发展，根子镇荔枝产业逐渐走向科技化发展，一改传统的粗放种植方式，逐渐向量化有序的科学种植转型。近年来，茂名开展了荔枝新品选育、区域适应性试验和生产性试验以及新品种推广，成功选育特早熟、迟熟、特迟熟荔枝品种。根子镇依托国家荔枝现代农业产业园、省级荔枝现代农业产业园等优势平台，持续推广荔枝换种、间伐、回缩，不断优化荔枝品种结构，大力推广桂味、岭丰糯、冰荔等核小、肉厚、味美的优质品种。对镇内的黑叶、白蜡等普通品种，逐步改良为妃子笑、岭丰糯、仙进奉等优良品种，提升产量，改善果质。近三年来，根子镇改造荔枝面积约1.5万亩，优质品种率由68%提高到89%左右，根子荔枝单价从6～8元提高到15元以上。

此外，根子镇政府通过合作社定期巡查、召开荔农板凳会议，倡导广大荔农加强种植管理工作，确保果品品质，使得近五年来根子镇累计改造荔枝面积2万亩，优质品种率由25%提高到50%。合作社还通过签约培训、保底收益等带动300多农户，通过集中收购辐射带动周边2000多农户。2022年，合作社营业额1320万元，社员人均纯收入达5.5万元。

二、中端：产业集群化补齐深加工短板

近年来，根子镇把包括国家荔枝现代农业产业园、国家田园综合体、省级荔枝现代农业产业园等将近60个发展项目，统筹推进，打造全要素、高水平的荔枝产业集群。全镇拥有田头智慧

小站6个，大小冷链冷库42个，自动化、半自动化包装生产线18条，设有邮政、顺丰、德邦三个冷链处理中心，冷链仓储库容达到1.1万立方米，水果加工能力达到1.2万吨/年，果蔬流通量达12万吨/年。产业的振兴带动了当地经济的发展，果农富了起来。2022年，根子镇有200多家电商，可以销售四成鲜荔枝，其中超1000万元营业额的有6家。根子镇荔枝产业的出色表现也吸引了大批企业进行投资。2023年根子镇鲜果销售占比85%以上，电商销售占比60%以上，根子荔枝电商销售均价达到20元/斤，通过荔枝定制活动预售荔枝8125棵，每斤荔枝定制价格在50～200元不等，造就了柏桥村、元坝村两个“亿元村”。

三、后端：产业品牌化服务化推动价值提升

根子镇荔枝产业的成功也带动了当地其他产业的发展。在文旅层面，根子镇以“讲好荔枝故事”为目标，坚持把“卖产品”与“卖文化”相结合。打造全国第一个荔枝主题邮局，加强贡园古荔枝树的保护，创作“520我爱荔”荔枝歌曲，举办大唐荔乡嘉年华活动……结合时事、潮流的种种创新玩法让根子镇荔枝火出圈。在名气打响的同时，根子镇还将农房管控风貌提升与荔枝产业园、四好农村公路建设、碧道建设等结合起来整体推进，建成大唐荔乡广场、百荔园、水墨桥头、书房古荔园等文旅景点13个，打造大唐荔乡游线路，该线路于2022年入选全国乡村旅游精品线路。如今，大唐荔乡游线路每年吸引游客超过200万人次，进一步促使农业与旅游、休闲、康养运动等产业蓬勃发展。

2023年4月11日，习近平总书记来到茂名高州市根子镇柏桥村考察调研。习近平走进荔枝种植园，了解当地发展特色种植

产业和文旅产业等情况，并同现场技术人员亲切交流，提出了宝贵的意见。在此之后，茂名市委在5月23日正式创立了柏桥讲堂，以习近平总书记视察的路线为主线，广泛宣传总书记重要讲话、重要指示精神。这里也吸引了宣传省“百千万工程”的市政课堂，广东省委党校也在这里设立了现场的教学基地，半年来柏桥讲堂累计举办700多个班次，超过了50万人次来到这里学习参观，带旺了柏桥村的人气。但柏桥村并没有就此结束，而是通过省“百千万工程”的村村结对帮扶政策与佛山市的黄龙村进行帮扶交流，学习当地的发展经验，在产业发展、流量增加的情况下切实提高村民的收入，不断完善当地的公共服务体系。

隔坑村：统筹资源，开辟适度服务规模经营新道路

阳山县七拱镇隔坑村位于广东省清远市阳山县的南部。隔坑村以种植优质丝苗米闻名，全镇从事丝苗米种植产业的农户众多，种植面积广阔，丝苗米产业产值占全镇农业经济总产值的相当大一部分。通过创新农业托管模式、培育新型农业经营主体，进一步统筹资源，开辟适度服务规模经营新道路。

一、创新农业托管模式

阳山县农业生产托管运营中心积极探索现代化农业生产新模式，提供种植、生产、销售全链条服务，盘活农村分散、闲置资源，带动乡村经济发展和农民增收。这种新模式解决了“谁来种地”“怎么种地”的难题，实现了农业生产的规模化、机械化、

标准化，提高了农业生产效率和产品质量，同时也增加了农民收入。2021年，隔坑村成为全县整村推进的首个示范点。阳山七拱镇还深化农村土地股份合作制改革，加快推动农村土地流转，破解土地细碎化、“非粮化”等问题，将“小田”变成“大田”，为规模化、机械化、标准化种植打下坚实基础。为实现农业产业项目“多点开花”，多渠道帮助农民增收致富，隔坑村积极推进土地流转和项目引进。在土地整合基础上，隔坑村坚持推行“支部+合作社+基地+农户”联农带农发展模式，成功引入阳山县科农蔬菜专业合作社建立“拍手农场”，种植蔬菜200多亩，辐射带动周边农户种植蔬菜1000多亩。这种土地制度改革有助于优化土地资源配置，提高土地利用效率，促进农业可持续发展。

二、培育壮大新型农业经营主体

隔坑村大力推广“龙头企业+合作社+基地+农户”经营模式。这种经营模式将龙头企业、合作社、基地和农户紧密结合起来，形成了产业链上下游的紧密合作关系，实现了资源共享、优势互补、风险共担、利益共享。这种模式有助于推动农业产业升级和转型，提高农业综合效益和竞争力。先后成立了燕红合作社等一批专业合作社，目前该村有六大经营主体、5家合作社、3家农场、10多户种粮大户，带动农户种植优质水稻1500多亩，人均收入超过2万元。引入清远市天地泰科技公司建设100亩的阳山蔬菜育苗中心，为周边农户源源不断提供优质农作物种苗，带动种植大户种植质量产量提升。此外，该村还建成粤北（阳山）原产地农产品交易中心，收购、加工、储藏和出售周边村镇农产品，解决农产品集中上市滞销问题，辐射带动6000亩“大湾区菜篮子”基地建设；吸纳吉星飞凤有限公司，投资发展清远麻鸡养殖加工场，年养殖量达到50万只。隔坑村还精心培育“新农人”，实施新型农业经营主体培育行动，成立农民合作社服务中心、农业生产托管运营中心，面向广大农民、经营主体提供培育升级、生产托管、技术咨询等服务，培育出一批“能吃苦”“会学习”“懂技术”的新型职业农民。

目前隔坑村正大力引进绿色产业项目，促进农民增收致富。“稻虾共作”生态种养产业，便是隔坑村引进的绿色产业项目之一。通过“企业+基地+贫困户”的发展模式，辐射带动周边农户增收，通过土地流转、长期务工、参与种植养殖等多种形式获得经济收益，带动村民增收致富。经过几年来的探索发展，该项目已在七拱镇发展近700亩，初见经济效益，参与的农户也得到了实惠。

塱头村：古为今用，文化“双创”推动乡村焕发新活力

炭步镇塱头村位于广东省广州市花都区西北部，历史悠久，文化底蕴深厚，是广州现保存规模最大的、极具岭南特色的广府古村落，距今已有600余年历史。塱头村保存着完整的明清青砖建筑388座，村中有30多座祠堂书室连绵400多米，与古民居一道，组成了占地约6平方公里、气势恢宏的古建筑群，堪称岭南宗祠与民居博物馆。近年来，塱头村依托其独特的地理优势、丰富的自然资源和深厚的文化底蕴，以文化振兴为核心，通过创新社会参与模式、多业态协同发展、数字技术赋能，打造集传统文

化、耕读文化、休闲体验及新生活理念于一体的粤港澳大湾区文旅新地标，成为国家级乡村振兴标杆项目。

一、“织补式”微改造活化古村文化空间

地方政府充分发挥塱头传统建筑文化资源优势，通过与唯品会企业签订乡村振兴项目战略合作协议，推进塱头村的活化利用工作，通过“织补式”的微改造方法，实现了电、水、网“三通”和“三线落地”，完成了排水排污、绿化美化亮化提升工程，新建了旅游专道及停车场，补齐基础设施短板，完善旅游生活配套设施，古村变得更加宜居宜游。在此基础上，塱头村进一步激活古村的文化空间。一是开展整体性保护活化策略。编制了《花都区塱头古村（塱东塱中）保护利用实施方案》，在保护历史文化遗产的基础上，对塱东塱中的传统建筑通过统筹进行活化利用，传承历史文化的同时改善公共环境，加强旅游资源建设，并引入文化产业，以塱东塱中区域辐射整个古村，实现古村“自我造血”。二是强调产业植入。作为塱头乡村振兴公益项目的重要组成部分，村里打造了一个高度浓缩传统文化历史脉络、人文精神的多功能艺术文化中心——春阳台艺文中心（简称“春阳台”），同时配套引入古村市集与展览、高端民宿“和春住”等项目。三是打造新公共文化空间。针对村落的空间格局，分别在村内规划古村展览、民宿区、露营区和文化街市等功能分区，设有文博展馆、藏书楼、善本室、阅览室、剧场与艺博活化等多样空间，为村落多元文化活动提供全新场所。

二、发展特色农文旅产业激活集体经济

塱头村立足当地实际，发展特色农业产业。塱头村拥有广阔的农田和优质的水资源，适宜水稻生长。村庄的水稻种植历史悠久，积累了丰富的种植经验和技术。近年来，塱头村引进了一批优质水稻品种，采用科学的管理和种植方法，提高了水稻的产量和品质。优质的水稻不仅满足了当地居民的需求，还远销到周边地区，成为村庄的一大经济来源。除水稻外，塱头村还大力发展特色果蔬种植。村庄种植了一系列具有地方特色的果蔬，如炭步番薯、炭步芋头、炭步丝瓜等。这些果蔬品质优良、口感独特，深受消费者喜爱。同时该村依托其优美的自然环境和丰富的花卉资源，大力发展花卉苗木产业。村庄内种植了大量的花卉和苗木，如兰花、菊花、桂花等，不仅美化了村庄的环境，还为村庄的经济发展提供了新的增长点。为了进一步提高农产品的附加值和竞争力，塱头村还积极发展农产品加工业。村庄内建立了一批农产品加工企业，如米粉加工厂、果蔬加工厂等，将优质的农产品加工成各种美食和深加工产品，满足不同消费者的需求。通过引进先进农业技术和管理经验，提高农产品产量和质量，打造了一批具有地方特色的农产品品牌。同时，积极发展农产品加工业和乡村旅游，形成了农业产业链条的完整闭环，实现了农业增效和农民增收的双赢局面。

三、“政府+企业+村集体”创新社会参与模式

塱头村通过“政府+企业+村集体”三方同频发力的合作模式，由当地政府主动跟进项目建设，全力打通项目审批绿色通

道，争取各级财政资金2亿元以上，完善基础配套设施。企业则担纲进行公益投入，负责项目整体规划设计建设与运营，无偿投入公益性资金超2亿元，项目投资不收回，全部收入用于回馈村民及乡村振兴事业发展。为协调突破项目开展中的重点、难点、堵点，花都区委、区政府建立会商制度，镇党政领导成立项目工作专班，村民积极参与共治共建，塱头村与企业慈善基金会共同成立公司，共同负责项目运营管理，全部收益留在当地，创新项目消费业态，真正实现塱头村发展从自发“造血”到内驱“活血”转型。

后　记

本书是由“乡村振兴大家谈”系列学术沙龙、实施“百千万工程”促进广东城乡区域协调发展学习研讨会、乡村振兴塘口论坛等学术活动的现场演讲汇编而成。本书从动议、策划、执行到最终出版，凝聚了各位专家学者、一线从业者和编辑团队的心血和努力。

感谢叶兴庆、杨春华、罗锡文、郑永年、温铁军、迟福林、刘守英、贺雪峰、罗必良、李小云、吴志才以及马卫华、邱衍庆、杨兴锋、刘付启荣、程文章、王永平、李黎、林辉煌、文宏、王世福、桂华、万俊毅、谢治菊、肖乃玉、林炜、贺建风、张补宏、魏立华等深耕乡村振兴实践等专家学者以及相关实务部门对本书的参与和支持，他们提供了理解乡村的新视角、新方法、新方案，让我们形成了对全面推进乡村振兴的全新认知。

感谢阳西县、鹤山市、陆河县、塘口镇、根子镇、隔坑村、塱头村等广东省典型县镇村的相关政府工作人员、驻镇帮镇扶村工作队队员等，他们通过分享实践经验与观点，使我们对各项政策的可行性与有效性有了更全面的理解。他们在实践过程中所积累的经验和教训以及目前所面临的困难与短板，为后续政策措施的改进与调整提供了基本的方向。

感谢华南理工大学数字乡村与文旅可持续发展重点实验室黄诗卉老师、公共政策研究院李婷副研究员对本书的前期策划、写作框架和核心思路提出了宝贵的意见。感谢旅游管理系的研究生吴星南、夏梦婷、李伦晓、肖可欣、邱倩、艾文准，马克思主义学院贺瑶瑶等同学参与本书的观点记录、整理和修订工作，各位同学认真严谨的态度是本书得以成稿的重要保障。

本书在出版过程中得到了广东人民出版社的鼎力支持，感谢肖风华社长、黄少刚总编辑、卢雪华副总编辑的大力支持，以及曾玉寒主任、责任编辑伍茗欣和李宜励等为本书编校出版付出的心血和努力。

在本书即将出版之际，感谢广东省社会科学界联合会长期以来的关注和支持，感谢学校社科处、旅游管理系、数字乡村与文旅可持续发展重点实验室、公共政策研究院的老师的辛勤付出和积极参与。他们在“乡村振兴大家谈”系列学术沙龙、实施“百千万工程”促进广东城乡区域协调发展学习研讨会、乡村振兴塘口论坛等学术活动的策划和组织落实上不断推陈出新，为本书得以成稿奠定了坚实的基础。活动的顺利举办离不开《中国社会科学报》《南方农村报》《广东农业》杂志等媒体的鼎力支持，在此一并表示感谢。我们深刻认识到，本书作为全面推进乡村振兴的观点合集，意在呈现对同一个问题的不同视角和方案而非真理般的律令，因此可能会存在观点的交锋以及对问题的不同认识。如有错漏，希望各位读者不吝赐教。